KB038447

하루 5분 부자일기

발 행 2023년 12월 15일 초판 1쇄
저 자 나폴레온 힐
편 집 조엘 포티노스, 오거스트 골드
옮 김 안진환
발행처 헤르몬
발행인 최영민
대표전화 031-8071-0088
팩스 031-942-8688
주소 경기도 파주시 신촌로 16
전자우편 hermonh@naver.com
인쇄제작 미래피앤피

등록번호 제406-2015-31호
출판등록 2015년 03월 27일

ISBN 979-11-92520-71-1 (13320)

나폴레온 힐

하루 5분 부자읽기

저자 **나폴레온 힐** | 편집 **조엘 포티노스 · 오거스트 골드** | 역자 **안진환**

HERMONHOUSE

하루아침 저녁 5분만 투자하라!

한 달이면 생각이, 두 달이면 생활이, 석 달이면 인생이 바뀌기 시작한다.

◆ 책 속 'NOTE' 5분 활용법

- 아침에 5분 책을 펼쳐 내용을 읽어보고 그날 할 일을 계획하세요.
- 저녁에 5분 하루를 정리하는 시간을 가지면서 그날 한 일을 떠올리며 메모해보세요.
- 자신이 계획한 목표가 얼마만큼 실행되었는지 되짚어보고 혹시 부족한 점이 있었다면 보완해서 다시 계획을 세우세요.
- 만약 잘 실천했다면 자신을 칭찬해주세요.
- 하루하루 충실히 실천한다면 점점 변화되는 자신의 모습을 발견하게 될 겁니다.
- 잊지 마세요. 성공과 행복은 모두 당신의 하루하루에 달려 있습니다.

◆ 나의 '부자 성명서' 활용법

- 지갑 안쪽에 당신이 작성한 '부자성명서'를 꽂아두고 지갑을 열 때마다 소리내어 한 번씩 읽어보세요.
- 그리고 당신의 바람을 성취하기 위해 무엇을 해야 할지 작은 것부터 생각하세요.
- '도대체 이게 무슨 소용이야'라고 생각하지 마세요.
- 믿는 만큼 이루어진답니다.
- 당신은 꿈을 이룰 수 있습니다.

서문

행복해지려면 '돈'을 사랑하라

누구나 행복을 원한다. 행복해지려면 무엇이 가장 필요할 때 현자들은 마음에서, 그리고 사랑과 믿음에서 행복이 시작된다고 말한다. 물론 그렇다. 하지만 우리가 살면서 절실하게 깨닫는 것은, 사랑과 믿음은 물질적으로 풍요로울 때 더 단단해지고 아름답게 꽃핀다는 사실이다.

현자들은 욕심을 버리라고 가르치지만, 욕심을 버리는 데도 돈이 든다는 사실은 가르치지 않았다. 돈을 경멸하고 가난을 찬미하는 것은 차라리 쉬운 일이지만 돈을 존중하고 자신과 이웃을 위하여 돈을 버는 것은 생각보다 어려운 일이다. 훌륭한 부는 훌륭한 가난보다 훨씬 더 가치 있다.

우리는 돈에 대해 조금 더 진지하고 정직해져야 한다. 돈만 있어서 되는 일도 없지만, 돈 없이 되는 일은 더더욱 없다는 것이 생생한 삶의 진실이다. 누구나 무욕 속에서 삶의 비의를 꿰뚫어 보는 놀라운 정신을 가진 건 아니다. 보통사람인 우리는 물질의 풍요 위에서 영혼의 건강을 키울 수 있고 돈과 함께 아름다운 영혼으로 매일매일의 행복을 얻는 것이다. 행복을 정말 원하는가? 행복해지고 싶다면 진실로 돈을 사랑하라!

나폴레온 힐

차례

6단계 부자 법칙

부자가 되고 싶은 열망을 실질적인 금전적 부로 변형할 수 있는 명확하고 현실적인 6단계를 소개한다.

1. 단계. 자신이 열망하는 정확한 금액을 확정하라. 단순히 "나는 많은 돈을 갖고 싶다."라고 말하는 것만으로는 충분치 않다 얼마를 갖고 싶은지 명확하게 금액을 설정하라.
2. 단계. 자신이 열망하는 액수의 돈을 갖는 대가로 무엇을 지불할지 확실하게 규정하라. 이 세상에 공짜로 얻는 것은 없다!
3. 단계. 자신이 열망하는 액수의 돈을 언제까지 확보하고자 하는지 명확한 날짜를 설정하라.
4. 단계. 열망을 실천할 수 있는 계획을 분명하게 세우고 즉시 실행하라. 계획을 실행할 준비가 되어있는지는 큰 문제가 되지 않는다.
5. 단계. 간결한 문장으로 성명서를 작성하고 확보하고자 하는 돈의 액수, 달성하고자 하는 기한, 그 대가로 지불하려고 하는 그 무엇 그리고 돈을 모으는 방법의 세부계획까지 정하라.

6. 단계. 문서로 작성된 성명서를 큰 소리로 하루에 두 번씩 읽어라. 잠자리에 들기 직전에 한 번, 아침에 일어나서 한 번이면 된다. 그렇게 읽는 과정에서 원하는 금액을 이미 가진 자신의 모습을 보고 느끼고 또 굳게 믿게 될 것이다.

6단계 부자 법칙과 연계된 실천사항을 요약하여 성공 원칙들과 조합하면 이렇게 정리할 수 있다.

1. 어떤 방해나 간섭도 없는 혼자만의 조용한 공간에서(늦은 밤, 잠자리에 들기 전이 가장 좋다) 두 눈을 감고 자신이 갖고자 하는 돈의 액수, 목표를 달성하고자 하는 기한 그리고 돈을 갖는 대가로 지불하려는 서비스나 상품 등이 포함된 성명서를 소리 내어 읽어라. 자신의 목소리를 들을 수 있을 정도로 크게! 자신의 '부자성명서'를 읽으면서 이미 그 돈을 가진 자신의 모습을 보게 될 것이다.
예를 들어, 앞으로 5년 뒤의 1월 1일까지 5억 원을 확보하는 것이 목표라고 가정해보자. 그리고 그 돈의 대가로 세일즈맨의 역량 내에서 제공할 수 있는 서비스를 지불할 생각이다. 그렇다면 당신의 '부자성명서'는 이렇게 작성되어야 할 것이다.

나는 2027년 1월 1일까지 5억 원을 모을 것이다. 정해진 금액이 정기적으로 들어오는 것이 아니라 수시로 각기 다른 금액이 들어오는 식으로 수입이 생길 것이다.
그 대가로 내가 할 수 있는 가장 효율적인 서비스를 제공할 것이다. 세일즈맨이 제공할 수 있는 최고 및 최대의 서비스를 제공할 것이다(자신이 판매하고자 하는 서비스나 상품에 대한 설명도 필요하다).
나는 내가 이 돈을 갖게 될 것을 굳게 믿는다. 나의 신념이 너무나 굳건하여서 그 돈이 이미 내 눈앞에 있는 것 같다. 내 손으로 직접 만질 수도 있다. 내가 제공하는 서비스에 비례하여 그때그때 나의 계좌로 송금되기를 기다리고 있는 돈이다. 나는 지금부터 그 돈을 모으기 위한 계획을 세울 것이며, 그대로 실행할 것이다.

2. 자신이 갖고자 하는 액수의 돈을 (상상 속에서) 볼 수 있을 때까지 첫 번째 과정을 아침저녁으로 반복하라.
3. 글로 쓴 '부자성명서'를 눈에 잘 띄는 곳에 두어라. 그리고 완전히 암기할 때까지 아침저녁으로 읽어라.

이와 같은 실천사항을 이행하는 과정은 자신의 잠재의식에 체계를 부여하기 위한 자기암시의 원칙을 적용하는 것과 마찬가지임을 기억하라. 잠재의식은 감정적으로 와 닿거나 느낌(feeling)과 함께 전달되는 지시사항에만 반응한다는 사실도 명심해야 한다. 신념은 사람이 가진 가장 강력하고 생산적인 감정이다. 신념에 근거한 지시사항에 복종하라.
이런 것들은 어쩌면 추상적일 수도 있다. 그러나 그것은 큰 문제가 되지 않는다. 설령 그것이 추상적이거나 비실용적인 것처럼 보일지라도 일단 실천하는 것이 중요하다. 지금까지의 지시사항을 마음으로 받아들이고 충실히 행동으로 옮긴다면 지금까지 알지 못하던 전혀 새로운 힘의 세계가 눈 앞에 펼쳐지는 순간이 반드시 온다.

나의 부자 성명서

내가 갖고 싶은 돈의 액수:

나는 내가 갖고 싶은 돈을 확보하는 대가로 ____________________을 지불할 것이다.

내가 원하는 액수의 돈을 갖게 될 날은 정확히 _____________이다.

나의 명확한 행동 계획

1.

2.

3.

서명 :

날짜 :

열망하지 않는다면 꿈의 성취는 영원히 불가능하다.

DESIRE

January

1

열망

January

+

강한 열망이 현실을 바꾼다

인간의 생각은 형태를 갖고 있다. 나아가 명확한 목표와 꾸준한 노력 그리고 부자가 되고자 하는 열망과 혼합된 생각은 강력한 유형체다.
만약 당신이 부자가 되고 싶다면 먼저 부자가 되고 싶다는 강한 열망을 가져야 한다. 이 강한 열망이야말로 당신을 성공으로 이끄는 가장 기본적이면서도 필수적인 요소다. 물론 부를 쌓고 싶다는 단순한 희망만으로는 무리다. 그 열망은 집념에 가까워야 하며, 그 열망을 성취하기 위한 명확한 계획과 실패를 무릅쓰고 계획을 이행하는 끈기가 함께 해야 한다.

나폴레온 힐이 25년간 2만 5,000명도 넘는 사람들의 성공 사례를 분석한 결과 그들의 성공 이면에는 공통적으로 가장 단순한 원칙이 자리하고 있다는 것을 발견했다. 그것은 바로 부를 끌어들이는 마음에 대해 보통 사람들보다 강한 관심을 기울였다는 것이다. 이것은 아주 사소하고 별 볼 일 없는 것처럼 보이지만, 하루아침에 부가 이루어지지 않는다는 사실을 상기한다면 이 열망이야말로 부의 토대가 분명하다.
위대한 업적도 처음에는 한낱 꿈에 지나지 않았다. 강하게 열망하면 그것은 삶을 지배하는 집념이 되고, 그 집념은 현실을 바꾼다. 다시 말해, 성공은 그것을 믿는 사람에게 찾아오고 실패는 무의식중에 실패를 떠올리는 사람에게 찾아온다.

콜럼버스는 미지의 세계를 꿈꿨고 그것의 존재에 자신의 목숨을 걸었다. 그리고 결국 신대륙을 발견했다. 위대한 천문학자 코페르니쿠스는 우주의 다중성을 상상했고 끝내 증명해냈다. 지칠 줄 모르는 신념으로 자신의 열망을 지지하고 있는 사람에게 불가능이란 없다.
무심하거나 게으른 사람 혹은 열망이 없는 사람은 결코 꿈꿀 수 없고 꿈꾸는 사람은 결코 자신을 비현실적이라 말하지 않는다. 자신이 하고자 하는 것이 정당하고 또 스스로 그렇게 믿고 있다면 개의치 말고 실천하라!

95 퍼센트의 사람들이 자신에게 가장 적합한 일이 어떤 것인지, 자신이 추구해야 할 분명한 목표의 필요성에 대해 전혀 의식하지 못한 채 아무런 목표 없이 그저 흘러가는 대로 인생을 살아간다. 놀라운 일이다. 당신은 어떤가. 목표를 가져라. 열망을 불태워라. 지금 당장 시작하라.

January

1

부자가 되고 싶다면 부자가 되고 싶다고 끊임없이 생각하라

머릿속에서 일어나는 무형의 반복적인 생각에 실증된 원칙을 적용하면 그에 상응하는 유형의 무엇인가가 나올 수 있다.
사람의 생각은 형태를 갖고 있다.
나아가 명확한 목표와 꾸준한 노력 그리고 부자가 되고자 하는 또는 여타의 물리적 사물을 확보하고자 하는 불타는 열망과 혼합된 생각은 강력한 유형체라고 할 수 있다.

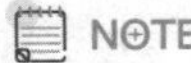

오늘 내가 할 일

오늘 내가 한 일

January 

2

부를 가져다주는 것

돈의 목적을 이해할 수 있는 나이가 되면 누구라도 그것을 갖고 싶어한다. 단순한 희망은 부를 가져다주지 않는다. 부를 가져다주는 것은 부자가 되기 위한 집념에 가까운 열망과 부를 획득하기 위한 방법에 대한 명확한 계획, 실패를 무릅쓰고 계획을 이행하는 끈기다.

오늘 내가 할 일

오늘 내가 한 일

January

3

성공의 요소

어떤 일이든 성공하는 사람은 배수진을 치고 모든 퇴로를 차단해야 한다. 그렇게 해야만 불타는 열망이라는 마음가짐을 유지하고 있다고 확신할 수 있다. 이 불타는 열망은 성공을 위해 반드시 필요한 요소다.

오늘 내가 할 일

오늘 내가 한 일

January 

4 기회의 속임수

기회는 예상했던 모습으로, 예상했던 방향에서 언제나 찾아오는 것은 아니다. 그것이 바로 기회에 내재한 속임수다. 기회는 뒷문으로 슬쩍 들어오는 음흉한 버릇을 갖고 있으며, 불행이나 일시적 패배의 모습으로 변장해 찾아오는 경우가 많다. 이점이 많은 사람들이 주어진 기회를 알아차리지 못하는 이유다.

 NOTE

오늘 내가 할 일

오늘 내가 한 일

January 

5

간절히 원하면 갖게 된다

실제로 소유하기 전까지는 '원하는 액수의 돈을 획득한 자신의 모습을 상상하는 것'이 불가능하다고 불평할 수 있다. 이때 불타는 열망이 해결책이 되어줄 것이다. 진정 간절히 열망한다면 그것은 집념이 될 것이고, 집념이 있다면 그것을 획득하게 될 것이라는 신념을 품는 일은 어렵지 않다.

오늘 내가 할 일

오늘 내가 한 일

January 

6 위대한 그 누구라도 시작은 초라했다

사람의 마음에 작용하는 원칙을 학습하지 않은 신출내기에게는 이런 실천사항들이 비현실적으로 보일지도 모른다.
하지만 그 원칙들이 전달하고 있는 정보가 제강공장의 평범한 노동자였던 앤드루 카네기(Andrew Carnegie)의 이야기라는 것을 알면 상황은 달라진다. 시작은 초라했지만, 그 원칙들 덕분에 카네기는 백만장자가 될 수 있었다.
이 책에서 말하는 6단계 부자 법칙은 부를 축적하기 위한 필수 과정이며, 목표 달성을 위해 꼭 필요한 단계라고 확신했던 토머스 에디슨(Thomas A. Edison)에 의해 신중하고 면밀하게 검토되었다.

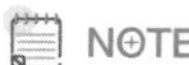

오늘 내가 할 일

오늘 내가 한 일

January 

7 변하지 않는 성공의 기본요인

부자가 되기 위해 질주하고 있는 우리는 이렇게 변화된 세상이 새로운 아이디어와 새로운 방식, 새로운 리더, 새로운 발명, 새로운 교수법, 새로운 마케팅, 새로운 책, 새로운 문학, 새로운 음악과 새로운 영화를 위한 새로운 아이디어를 요구하고 있다는 사실을 인지해야 한다. 더 새롭고 더 나은 것을 요구하는 이면에는 성공을 위해 반드시 갖고 있어야 할 것이 있다. 그것은 바로 목적의 명확성과 자신이 무엇을 원하는가에 대한 지식 그리고 그것을 소유하고자 하는 불타는 열망이다. 이렇게 변화된 세상은 꿈을 현실로 바꿀 수 있는 실천적 몽상가를 요구하고 있다. 인류 역사상 문명의 형태를 만드는 사람은 언제나 실천적 몽상가들이었고 앞으로도 그럴 것이다.

오늘 내가 할 일

오늘 내가 한 일

January 

8

부를 끌어들이는 마음

부자가 되겠다는 생각을 품을 때, 부는 명확한 목적에 근거한 마음의 상태에서 시작할 뿐 그리 큰 노력이 필요하지 않다는 것을 깨닫게 된다. 누구라도 부자가 되고 싶다면 부를 끌어들이는 마음의 상태에 이를 수 있는 방법을 터득하는 데 관심을 가져야 한다. 나폴레온 힐은 2만 5,000명도 넘는 사람들의 성공 사례를 분석하면서 25년을 보냈다. 힐 또한 '부자들이 어떻게 부자가 되었는지' 알고 싶었기 때문이다.

오늘 내가 할 일

오늘 내가 한 일

January

9

성공과 실패에 연연하지 마라

인생은 불가사의하며 명확히 평가할 수 없는 경우가 많다. 성공과 실패는 결국 인생의 단순한 경험에 지나지 않는다. 그런 경험을 살려 번영을 누리려면 그것을 철저히 분석하고 그 안에서 교훈을 찾아야 한다. 단 한 가지의 건전한 생각이 바로 성공에 필요한 모든 것이다.

오늘 내가 할 일

오늘 내가 한 일

January

10 부는 하루아침에 이루어지지 않는다

이제 막 부가 쌓이기 시작할 때는 눈 깜짝할 사이에, 그것도 아주 엄청난 풍요로움이 한꺼번에 주어지는 것으로 생각한다. 실로 경악스러운 표현이 아닐 수 없다. 오랜 시간 동안 끊임없는 노력을 기울여야 부자가 될 수 있다는 일반적인 믿음을 고려한다면 더욱 그러하다.

오늘 내가 할 일

오늘 내가 한 일

January 

11

나는 내 운명의 주인, 내 영혼의 선장

영국의 시인 윌리엄 어니스트 헨리(William Ernest Henley)가 쓴 예언적 시구가 있다.

"나는 내 운명의 주인, 나는 내 영혼의 선장!"

우리가 자기 운명의 주인이자 영혼의 선장인 것은 자기의 생각을 통제할 힘을 갖고 있기 때문이다. 우리가 존재하고 있는 이 세상은 상상할 수 없을 정도의 진동으로 움직이고, 에너지가 뭉친 거대한 덩어리이며 마음속에 품고 있는 생각의 속성에 적응하는 보편적 에너지로 가득 차 있다. 그 에너지는 자연스럽게 생각을 물리적 대체물로 바꾸도록 우리에게 영향력을 행사하고 있다.

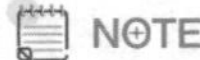

오늘 내가 할 일

오늘 내가 한 일

January

12

위대한 업적도 처음에는 한낱 꿈에 지나지 않았다

지금 우리가 사는 세상이 새로운 발견에 적응해온 것으로 생각하는가? 그렇지 않다. 세상은 새로운 아이디어를 제공하는 몽상가에게 기꺼이 보상을 제공해왔을 뿐이다.

"위대한 업적도 처음에는 한낱 꿈에 지나지 않았다."

떡갈나무도 도토리에서 시작되고 하늘을 나는 새도 알 속에서 부화하기를 기다리듯 사람이 품을 수 있는 최상의 꿈도 그 시작은 잠재의식의 태동이다. 꿈은 장차 현실로 자라날 어린나무와 같다.

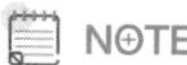

NOTE

오늘 내가 할 일

오늘 내가 한 일

January

13 자신의 열망을 선택하라

성공하고 싶다면 자신이 열망하는 것이 무엇인지 선택해야 한다. 그리고 자신이 가진 모든 에너지와 의지력, 모든 노력을 목표를 위해 쏟아부어야 한다. 자신이 품은 열망이 삶을 지배하는 집념이 되고, 마침내 현실로 바뀔 때까지 지켜나가야 한다.

NOTE

오늘 내가 할 일

오늘 내가 한 일

January 

14

성공에 대한 확신

성공은 성공할 것이라고 믿는 사람에게 찾아온다. 실패는 무의식 중에 실패할 것이라고 믿는 사람에게 찾아온다. 패배 의식에서 성공에 대한 확신으로 사고를 전환하는 기술을 익히는 것이 우리의 목표다.

오늘 내가 할 일

오늘 내가 한 일

January

15 너무도 평범하고 단순한 성공의 비밀

사람은 자신이 이해하지 못하는 것은 믿으려 하지 않는다. 어리석게도 자신의 한계가 곧 적절한 방법이라고 믿어버린다. 수많은 사람이 헨리 포드(Henry Ford)의 성공을 보고 부러워한다. 그의 재산이나 행운, 천재성 혹은 그 무엇이 되었든 그가 이룬 성공에는 대단한 이유가 있을 것이라고 확신하기 때문이다. 아마도 수십만 명 중 한 명 정도는 그가 이루어낸 성공의 비밀을 알고 있을 것이다. 하지만 그 비밀을 알고 있는 사람은 드러내어 말하기를 꺼린다. 너무나 평범하고 단순하기 때문이다. 헨리 포드의 성공은 성공의 원칙을 이해하고 그대로 실천한 결과이다. 그중 하나가 열망, 즉 자신이 무엇을 원하는지 분명하게 인지한 것이다.

 NOTE

오늘 내가 할 일

오늘 내가 한 일

January

16

부자가 되기 위한 마음가짐

부자가 되기를 열망하고 자신이 반드시 부자가 될 것이라고 굳게 믿는 것이 우리의 목표다. 돈에 관한 관심(money conscious)이 있는 사람만 부를 축적할 수 있다. 돈에 관한 관심은 돈을 향한 열망과 철저히 융합되어 자신이 이미 그것을 갖고 있다고 믿는 마음이다.

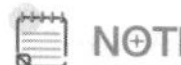

오늘 내가 할 일

오늘 내가 한 일

January 

17 마음은 현실을 끌어들인다

사람의 마음은 파괴적인 생각과 건설적인 생각을 구분하려 하지 않는다. 부자가 되고 싶다는 생각을 실제 행동으로 옮기도록 영향력을 행사하는 만큼이나 신속하게 빈곤에 대한 생각을 물리적 현실로 받아들이도록 종용하는 것이 사람의 마음이다. 현재 마음속에 있는 지배적인 생각은 우리 두뇌의 자석(magnet)으로 바뀌고, 우리에게 생소한 방법이기는 하지만 바로 그 자석이 현재 마음속의 지배적인 생각과 조화를 이루는 능력이나 사람, 삶의 환경을 끌어들이게 되는 것이다.

NOTE

오늘 내가 할 일

오늘 내가 한 일

January 

18

마음에 자성을 부여하라

엄청난 부를 축적하기에 앞서 반드시 선행되어야 할 것은 부를 위한 강렬한 열망에 이끌리도록 자신의 마음에 자성을 부여하는 일이다. 돈에 관한 열망이 그것을 획득하기 위한 명확한 계획을 도출하는 추진력이 될 때까지 돈에 관한 관심을 놓치지 말아야 한다.

오늘 내가 할 일

오늘 내가 한 일

January
19 새로운 아이디어를 두려워하지 마라

부자가 되기를 열망하는 사람이라면 반드시 기억해야 할 것이 있다. 이 세상의 진정한 리더들은, 아직 그 모습을 드러내지 않은 기회들의 숨겨져 있는 무형의 힘을 활용하고 실질적으로 적용하여, 그 힘(혹은 반복적인 생각)을 고층빌딩이나 도시, 공장, 비행기, 자동차 등 우리의 삶을 더 풍요롭게 만든 여러 가지 형태의 문명의 이기로 변화시켜 온 사람들이다.

오늘날을 살아가는 몽상가들에게 인내와 열린 생각은 현실적인 필수품이다. 새로운 아이디어를 두려워하는 사람은 시작도 하기 전에 이미 결과가 정해진 것이나 다름없다. 지금처럼 개척자에게 호의적인 시대는 과거 그 어느 때에도 없었다. 물론 마차가 질주하던 시대처럼 야생의 드넓은 서부는 더는 존재하지 않는다. 그러나 비즈니스와 금융, 산업이라는 광활한 세계가 새롭고 더 나은 방식으로 재탄생되기를 기다리고 있지 않은가.

NOTE

오늘 내가 할 일

오늘 내가 한 일

January

20

성공 앞에 사죄는 필요 없고 실패는 변명을 용납하지 않는다

부자가 되기 위한 계획을 세울 때 몽상가를 조롱하는 그 어떤 외부의 영향력도 허용해서는 안 된다. 이처럼 변화된 세상에서 더 큰 몫을 차지하기 위해서는 과거의 위대한 개척자들로부터 영감을 얻어야 한다. 다시 말해 오늘날 문명 세계에서 가치 있다고 여기는 모든 것의 출발점이 되었던 그들의 꿈 그리고 지금 우리가 사는 세상을 움직이는 생명의 피, 다시 말해 자신의 재능을 계발하고 거래할 수 있는 기회의 역할을 담당하고 있는 그들의 정신을 움켜쥐어야 한다.
콜럼버스는 미지의 세계를 꿈꿨고 그 존재를 밝히는 것에 자신의 목숨을 걸었다. 결국, 그는 신대륙을 발견했다.
위대한 천문학자 코페르니쿠스는 우주의 다중성을 상상했고 끝내 증명해냈다. 그의 승리가 확인된 이후 누구도 그를 비현실적이라고 비평하지 않는다. 오히려 온 세상이 위대한 학자로 그를 숭배하고 있다. 이로써 다시 한번 입증된 것이다.
성공 앞에 사죄는 필요하지 않고 실패는 어떤 변명도 용납하지 않는다.

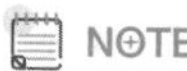

오늘 내가 할 일

오늘 내가 한 일

January

21 스스로 생각하는 바를 실천하라

자신이 하고자 하는 것이 정당하고 또 스스로 그렇게 믿고 있다면 개의치 말고 실천하라! 자신의 꿈을 현실로 만들고 한순간 실패를 경험하더라도 다른 사람들이 하는 말에 일일이 귀 기울일 필요는 없다. 그들은 모든 실패가 그에 버금가는 성공의 씨앗을 함께 가져다준다는 것을 알지 못하는 사람들일 뿐이다.

 NOTE

오늘 내가 할 일

오늘 내가 한 일

January

22

신념에 근거한 열망의 힘

나는 신념에 근거한 열망의 힘을 굳게 믿는다. 그 힘이 밑바닥에서 시작한 사람을 부와 권력을 누릴 수 있는 위치로 끌어올리는 것을 보아왔기 때문이다. 그 힘이 질병을 앓는 사람에게 건강을 되찾아주고 수없이 절망을 경험한 이후에도 그것을 극복할 힘을 주며 선천적 청각장애가 있는 내 아들에게 정상적이고 행복한, 성공적인 삶을 선사하는 것을 지켜보았기 때문이다.

자연의 섭리는 정신적 화학작용의 신비하고도 강력한 원리가 무엇인지 밝히지는 않았다. 하지만 그것을 통해 불가능이란 단어를 인지하지 않으며 실패라는 현실을 절대 받아들이지 않는 무언가를 강력한 열망으로 포장하여 우리에게 보여준다.

오늘 내가 할 일

오늘 내가 한 일

23 마음이 가진 힘

지칠 줄 모르는 신념으로 자신의 열망을 지지하고 있는 사람에게 불가능이란 없다는 나의 믿음을 널리 알리는 것은 나의 소명이자 특권이다. 아무 이유도 없는 무조건의 믿음이 결코 아니다.

불타는 열망이 현실의 물리적 대체물로 변환되는 것은 선뜻 받아들이기가 힘들다. 하지만 기이하면서도 헤아리기 힘든 것이 마음이 가진 힘이다. 우리의 마음이 열망을 현실적 대체물로 변환하는 수단으로, 주변 상황이나 사람, 사물을 이용하는 방법을 우리 자신도 잘 이해하지 못하지만 언젠가는 과학의 힘을 빌려 그 비밀을 밝혀낼지도 모른다.

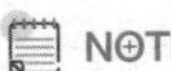

오늘 내가 할 일

오늘 내가 한 일

January 

24

열망에 귀 기울이기

내 아들은 신체적 장애를 장애물이나 변명거리로 받아들이지만 않는다면, 의미 있는 목적을 달성하는 데 디딤돌 역할을 할 수도 있음을 나에게 가르쳐주었다. 불멸의 사상가 에머슨(Emerson)이 남긴 말을 생각해보라.

"모든 사물은 우리에게 신념을 가르쳐주는 것으로 귀결된다. 우리는 다만 복종하기만 하면 된다. 각자에게 허락된 길잡이가 있게 마련이고 자신을 낮춰 그 소리에 귀 기울이면 바른말을 듣게 될 것이다."

바른말이란 다름 아닌 열망(desire)이다.

오늘 내가 할 일

오늘 내가 한 일

January 

25 마음의 불꽃을 타오르게 하라

자신의 마음속에서 희망과 신념, 용기와 인내의 불꽃이 다시 타오르게 하라. 마음속에 불꽃을 간직하고 성공 원칙들을 이미 숙지하고 있다면 다른 모든 것은 자연스럽게 따라올 것이다. 에머슨은 이렇게 말한다.
"인생에 필요한 조언과 도움은 분명 쉽게 눈에 띄지 않을 것이다. 그러나 간절히 바라는 친구는 결국 내 곁으로 와서 넓은 가슴을 열어줄 것이다."

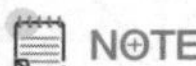

오늘 내가 할 일

오늘 내가 한 일

January 

26 열린 사고를 가져라

무언가 갖기를 희망하는 것과 그것을 받아들일 준비가 되어있는 것에는 분명 차이가 있다. 자신이 그 무언가를 획득할 수 있다고 굳게 믿지 않는다면 그것은 결코 준비된 자세가 아니다. 단순한 희망이나 소망이 아니라 굳은 신념이어야 한다는 말이다. 개방적인 사고는 신념을 갖는 데 필수적인 요건이다. 폐쇄적 사고방식으로는 믿음이나 용기, 신념과 같은 감정을 갖기 어렵다.

인생에서 더 높은 목표를 겨냥하고 풍요와 번영을 추구하는 데 드는 노력이 빈곤과 가난을 받아들이는 데 필요한 노력보다 더 크고 많을 수 없다.

오늘 내가 할 일

오늘 내가 한 일

January 

27

기회는 언제나 눈 앞에 있다

이 세상의 모든 몽상가여! 깨어나라, 일어나라. 그리고 앞으로 나서라. 당신의 별이 이제 막 떠오르고 있다. 지금 당신이 기다리던 기회가 앞에 놓여 있다.

지금 이 세상은 과거의 몽상가들은 결코 알 수 없었던 수많은 기회로 가득 차 있다. 무엇인가가 되고 싶은 혹은 무언가를 하고 싶은 불타는 열망이 바로 몽상가의 출발점이다.

무심하거나 게으른 사람 혹은 열망이 없는 사람은 결코 꿈꿀 수 없고 꿈꾸는 사람은 결코 자신을 비현실적이라 말하지 않는다.

오늘 내가 할 일

오늘 내가 한 일

January

28

패배 없는 성공은 없다

격변하는 시대 앞에서 우리는 좌절했고 패배를 경험했으며 내면의 일부가 만신창이가 되는 고통도 느꼈다. 용기를 내자. 그런 경험들로 인해 우리 내면에 있는 영혼의 원석을 단련시켜 왔다. 그것은 비할 데 없는 가치를 지닌 자산이다.

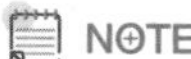

오늘 내가 할 일

오늘 내가 한 일

January

29 위기는 곧 기회

성공한 인생에는 어김없이 성공에 도달하기에 앞서 순조롭지 않은 출발이 있었다는 것을 기억하라. 성공을 이루어낸 사람들의 인생의 전환점은 대개 위기의 순간에 그것을 통해 또 다른 자아를 발견하면서 찾아온다.

오 헨리(O. Henry)가 자신의 내면에서 잠자고 있던 천재성을 발견한 것은 엄청난 불행 끝에 결국 교도소에 수감된 시절이었다. 인생에 찾아온 불행으로 인해 강요된 상황이었지만 그는 자신의 또 다른 자아에 친숙해지는 기회로 활용했고 상상력을 발휘하여 비참한 범죄자나 낙오자가 아닌 위대한 작가로 재탄생했다.

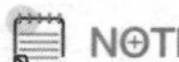

NOTE

오늘 내가 할 일

오늘 내가 한 일

January

30

실패를 분석하라

인간의 삶은 기이하면서도 이해하기 힘든 경우가 많다. 성공과 실패는 모두 단순한 경험에서 시작된다. 단순한 경험을 성공으로 바꾸기 위해서는 그것을 철저히 분석하고 그 속에서 교훈을 얻을 수 있어야 한다.

NOTE

오늘 내가 할 일

오늘 내가 한 일

January

31

목표를 가져라

95%의 사람들은 자신에게 가장 적합한 일이 어떤 것인지, 자신이 추구해야 할 분명한 목표의 필요성에 대해 전혀 의식하지 못한 채 아무 목표 없이 그저 흘러가는 대로 인생을 살아간다. 충격적인 사실이다.

인생의 분명한 주요 목표를 선택해야 하는 데는 심리적 이유뿐만 아니라 경제적 이유도 있다. 인간의 행동이 항상 마음속에 있는 지배적인 생각과 조화를 이룬다는 것은 심리학에서 입증된 원칙이다.

인생의 분명한 주요 목표가 우리 마음속에 의도적으로 각인되고 유지된다면 그리고 그것을 현실화시키고자 하는 굳은 의지가 있다면 결국 잠재의식 전체로 배어들게 되고 자연스럽게 목표 달성을 위한 실천적 행동에 영향력을 행사하게 된다.

 NOTE

오늘 내가 할 일

오늘 내가 한 일

+

어느 날 타자기 앞에서 글을 쓰다 연구실 너머 창밖을 바라보았다. 뉴욕의 메트로폴리탄 타워를 바라보는데, 달빛이 은회색으로 반사되어 반짝이고 있었다. 이제껏 본 적 없는 경이로운 모습이었다.
이상하게 생각한 나는 한참을 들여다보고서야 그것이 이른 새벽의 햇빛이라는 것을 깨달았다. 너무 열중한 나머지 밤을 꼬박 새웠다는 사실을 몰랐다. 기껏해야 한 시간 정도가 지났다고 생각했다.
그날 온종일 간단한 식사를 했던 시간을 제외하고는 조금도 쉬지 않고 일했다. 결국, 이틀하고도 반나절을 잠도 자지 않고 일했다. 그런데도 전혀 피곤하지 않았다. 나는 그것을 '열망'이라고 부른다. 그것 없이는 결코 불가능했을 것이다.

| 나폴레온 힐 |

신념, 그것의 동의어는 바로 기적이다.

FAITH

February

2

신념

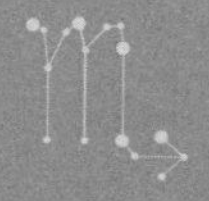

February

+

신념만으로 부자가 될 수는 없지만,
신념 없는 부자는 어디에도 없다

이 세상에서 영구히 힘을 발휘할 수 있는 가장 강력한 힘은 신념이다. 가장 놀라운 자연의 기적들도 모두 이 신념에 기인한다. 신념의 힘이 어디까지 미치는지, 한계가 있다면 어디까지인지 말할 수 있는 사람은 아무도 없다.

우리의 마음은 지배적인 생각의 영향력을 받아들인다. 다시 말해, 그것이 참이든 거짓이든 자신에게 반복적으로 주입한 것을 결국 믿게 된다. 이것은 진실이다. 사람의 마음속에는 두려움이나 가난, 질병, 실패, 절망의 진동과 함께 번영과 건강, 성공, 행복의 진동이 언제나 공존한다. 때문에, 긍정적인 감정이 마음의 지배적인 힘이 되도록 하며 부정적인 감정은 차단하거나 제거하는 일이 반드시 필요하다.

에이브러햄 링컨은 마흔을 훨씬 넘길 때까지 하는 일마다 실패만 경험했다. 일생일대의 놀라운 경험이 그의 인생에 찾아와 머릿속에 그리고 마음속에 잠들어 있던 천재성을 일깨워서 세상이 필요로 하는 위대한 지도자로 바뀌기 전까지 그를 알아주는 사람은 아무도 없었다.

마하트마 간디는 재력이나 전함, 군사, 전쟁을 위한 자원과 같은 흔히 말하는 힘이 될 만한 도구가 전혀 없었음에도 당대의 그 누구보다 큰 잠재적 힘을 휘둘렀다. 그는 신념의 힘으로 그 어떤 막강한 군대의 군사와 무기들도 이루어낼 수 없을 만한 성공을 이루어냈다. 그는 20억 명의 마음을 모아 마치 하나의 마음인 것처럼 움직이게 했다.

신념이 아니라면 이 세상의 어떤 힘이 그 정도의 업적을 이루어낼 수 있겠는가? 신념은 부를 축적하는 출발점이며 과학의 법칙으로 분석할 수 없는 모든 미스터리와 기적의 근원이자 실패를 떨쳐버릴 수 있는 유일한 해결책이다.

안 된다고 생각하는 사람에게 성공은 절대 찾아오지 않는다. 부자가 되고 싶다면 부자가 될 수 있다는 신념을 가져라.

February
1 마음의 주치의, 신념

신념(faith)은 마음의 주치의다. 신념이 생각의 진동과 혼합되면 잠재의식은 즉각적으로 그 진동을 포착하고 영적 차원의 대체물로 바뀐다. 그리고 기도의 행위가 그러하듯이 신성의 지혜(infinite intelligence)로 전달된다.

오늘 내가 할 일

오늘 내가 한 일

February

2

신념의 힘

이 세상에서 영구히 힘을 발휘할 수 있는 가장 강력한 힘은 신념이다. 가장 놀라운 자연의 기적들도 모두 이 신념에 기인한다고 봐야 옳다.

신념의 힘이 어디까지 미치는지 한계가 있다면 어디까지인지 말할 수 있는 사람은 아무도 없다.

오늘 내가 할 일

오늘 내가 한 일

February

3

신념, 사랑 그리고 성적 감정

긍정적 감정 중에 가장 강력한 것이 신념과 사랑, 성적 감정이다. 이 세 가지 감정이 합쳐지면 생각의 진동이 곧바로 잠재의식에 전달되어 지체 없이 영적 차원의 대체물 다시 말해 신성의 지혜로부터 대답을 얻을 수 있는 유일한 형태로 바뀌도록 만드는 효과를 보여준다.

오늘 내가 할 일

오늘 내가 한 일

February

4

나를 더 지혜롭게 하는 법

사랑과 신념은 인간의 영적 측면에 연관된 초자연적인 감정이다. 성적 감정은 오로지 생리적 감정이며, 물리적 측면과 연관되어 있을 뿐이다. 이 세 가지 감정을 혼합하거나 융합한다면 인간의 유한한 사고력과 무한한 지혜 사이에 직접적인 의사소통의 길이 열릴 것이다.

오늘 내가 할 일

오늘 내가 한 일

February

5

신념을 만드는 법

신념은 자기암시의 원리를 통해 잠재의식에 관한 확인이나 반복적인 지시로 주입되거나 만들어지는 감정 상태를 말한다. 잠재의식에 관한 명령의 반복은 신념이라는 감정 상태가 자발적으로 발전할 수 있는 유일한 방법이다. 이것은 잠재의식에 반복적으로 전달되는 생각은 잠재의식에 의해 수용되고 행동으로 옮겨진다는 것과 같은 의미다. 잠재의식은 활용 가능한 가장 현실적인 방법을 사용하여 반복적인 생각을 물리적 대체물로 변환한다.

NOTE

오늘 내가 할 일

오늘 내가 한 일

February 

6

위대한 행동에는 신념이 존재한다

감정이 주입된 생각, 즉 느낌이 동반된 생각과 신념이 혼합되면 바로 그 물리적 대체물 혹은 그에 상응하는 무언가로 바뀐다는 말을 다시 한번 되짚어보자. 감정이나 느낌은 생각에 활력과 생명력 그리고 행동을 부여하는 요소다. 신념이나 사랑의 감정, 성적 감정 등이 혼합되면, 그 어떤 개별적인 감정이 유발하는 것보다 더 위대한 행위를 유발한다.

신념과 혼합된 생각뿐만 아니라 긍정적 감정 혹은 부정적 감정과 혼합된 생각도 우리의 잠재의식에 도달하여 영향력을 행사할 수 있다.

NOTE

오늘 내가 할 일

오늘 내가 한 일

February 

7 불행을 만드는 건 자신이다

잠재의식은 긍정적 혹은 건설적인 특성을 띤 반복적 생각에 반응하는 것만큼이나 부정적 혹은 파괴적 특성을 지닌 반복적 생각을 물리적 대체물로 기꺼이 변화시킨다. 이것으로 흔히 불행이나 불운이라고 말하는 수백만 명의 사람들이 경험한 이상한 현상도 설명할 수 있다.

수백만 명이 가난이나 실패를 운명으로 받아들이는 것은 자신이 아무런 통제력을 행사하지 못한다고 믿는 기이한 힘이 작용하기 때문이다. 불행을 만들어내는 건 자기 자신이다. 불행이란 자기의 잠재의식에 배어든 부정적 믿음이 물리적 대체물로 바뀐 것이기 때문이다.

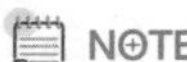

오늘 내가 할 일

오늘 내가 한 일

February

8

자신이 원하는 바를 이미 소유하고 있는 것처럼 행동하라

생각이 현실로 바뀔 것이라는 기대 혹은 믿음을 갖고 물리적 혹은 금전적 대체물로 변화시키고자 하는 열망을 잠재의식에 전달한다면 상당한 효과를 볼 수 있을 것이다. 믿음이나 신념은 잠재의식의 행위를 결정하는 요소다. 자기암시를 통해 잠재의식에 명령을 전달한다면 자신의 잠재의식을 기만하는 일은 절대로 방해받지 않을 것이다. 잠재의식에 대한 기만을 더 현실적으로 만들고자 한다면 잠재의식에 명령을 전달할 때 자신이 열망하는 물리적 사물을 이미 소유하고 있는 것처럼 행동하면 된다.

그러면 잠재의식은 가장 직접적이고 현실적인 매체를 통해 자신의 믿음이나 신념이 원하는 순서대로 그것의 물리적 대체물로 변환시킬 것이다.

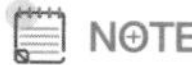

오늘 내가 할 일

오늘 내가 한 일

February 

9

항상 긍정적으로 생각하라

신념을 잠재의식에 자발적으로 전달하는 방법으로 신념이 커지고 결국 신념을 소유하게 된다는 것은 진실이다. 우리의 마음은 지배적인 생각의 영향력을 받아들인다. 이와 같은 진실을 이해한다면 긍정적인 감정이 마음의 지배적인 힘이 되도록 하며 부정적인 감정은 차단하거나 제거하는 일이 필요한 이유를 알게 될 것이다.

오늘 내가 할 일

오늘 내가 한 일

February 

10

잠재의식은 행동을 결정한다

긍정적인 감정에 의해 지배되는 마음은 신념이라고 알려진 마음의 상태가 안주할 수 있는 안식처가 된다. 감정의 지배를 받는 마음은 잠재의식에 자유로이 명령을 전달할 수 있고 잠재의식은 즉각적으로 그것을 받아들여 행동으로 옮길 것이다.

오늘 내가 할 일

오늘 내가 한 일

February 

11

부자가 되고 싶다면 부자가 될 수 있다고 믿어라

신념은 자기암시에 의해 유도된 마음의 상태다. 신념은 그것이 존재하지 않는 곳에서 자라날 수 있다.

부자가 될 수 있다고 자신에 대한 신념을 가져라.

NOTE

오늘 내가 할 일

오늘 내가 한 일

February

12 모든 해답은 자기 안에 있다

그것이 참이든 거짓이든 자기에게 반복적으로 주입된 것을 결국 믿는다는 것은 이미 잘 알려진 사실이다. 거짓말을 반복하면 결국에는 거짓말이 진실인 것처럼 믿게 되고, 그것이 진실이 될 것이라고 믿기도 한다. 누구나 자신의 마음을 차지하도록 스스로 허락한 지배적 생각에 의해 규정되는 존재일 수밖에 없다. 자신이 의도적으로 마음에 심어놓고 그것에 동의하며 한 가지 혹은 그 이상의 감정과 혼합하기도 하는 생각이 바로 자신의 모든 행동과 행위를 통제하고 지시하는 원동력이 되는 것이다.

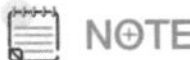

오늘 내가 할 일

오늘 내가 한 일

February

13 자기 안에 성공의 씨앗을 심어라

감정과 혼합된 생각은 나를 둘러싸고 있는 주변으로부터 유사한 혹은 연관된 생각을 끌어들이는 자성을 띤다. 감정에 의해 자성을 부여받은 생각은 씨앗과 같은 것이다. 씨앗이 비옥한 토양에 뿌려지면 싹을 틔우고 자라나서 그 수가 끝없이 늘어나게 된다. 하나의 작은 씨앗이 결국 커다란 나무가 되고 다시 셀 수 없이 많은 씨앗을 뿌리는 것처럼.

NOTE

오늘 내가 할 일

오늘 내가 한 일

February

14

긍정적 신념의 중요성

우리를 둘러싸고 있는 공간은 영원한 진동의 힘이 뭉친 거대한 덩어리이며 파괴적인 진동과 건설적인 진동으로 이루어져 있다. 두려움이나 가난, 질병, 실패, 절망의 진동과 함께 번영과 건강, 성공, 행복의 진동은 언제나 공존한다.

그 거대한 덩어리로부터 사람의 마음은 끊임없이 자신의 마음을 지배하는 생각과 조화를 이루는 진동을 끌어들이려 한다. 자신의 마음속에 품고 있는 생각이나 아이디어 계획 또는 목적은 주변을 둘러싸고 있는 공간으로부터 그와 유사한 진동을 끌어들이고 그것이 마침내 지배적인 생각이 될 때까지 멈추지 않고 자라난다.

오늘 내가 할 일

오늘 내가 한 일

February

15 원하는 바를 반복해서 소리쳐라

이제 출발점으로 되돌아가 아이디어나 계획 혹은 목적의 원초적 씨앗이 어떻게 우리의 마음에 심어지는가를 들여다보자. 정보는 아주 손쉽게 전달될 수 있다. 생각의 반복을 통해 아이디어나 계획 혹은 목적을 마음속에 심을 수 있다. 이것이 바로 자신의 중요한 목적이나 명확한 목표를 글로 쓰고 기억하며 매일매일 자신이 들을 수 있도록 큰 목소리로 소리의 진동이 자신의 잠재의식에 도달할 때까지 반복해야 하는 이유다.

우리는 일상으로부터의 자극을 통해 스스로 포착하고 등록한 생각의 진동에 의해 존재한다.

 NOTE

오늘 내가 할 일

오늘 내가 한 일

February 

16

생각의 작은 변화만으로 자신감이 생긴다

불행한 환경으로부터의 영향력을 내던지고 자신의 인생에 질서를 확립하겠다고 굳게 결의하라. 자신이 보유한 정신적 자산과 의무를 열거해보면 자신의 최대 약점이 다름 아닌 자신감 부족이었음을 발견하게 될 것이다. 약점은 자기암시의 원리를 통해 극복될 수 있고 소심함은 용기로 변환될 수 있다. 이와 같은 원리를 실천하는 일은 반복적인 긍정적 생각을 글로 쓰고, 암기하고 또 반복하는 단순한 과정만으로 가능하다. 그것이 잠재의식의 활성화된 도구로 변할 때까지 계속 반복하는 것만으로도 가능하다.

오늘 내가 할 일

오늘 내가 한 일

February 

17 자신감 충전을 위한 공식, 하나 (암기하고 매일 반복할 것)

나는 내 인생의 명확한 목적을 위해 목표를 달성할 수 있는 능력을 소유하고 있다.
그러므로 나는 목표 달성을 위한 꾸준하고도 지속적인 행동을 자신에게 요구하며 그러한 행동을 실천할 것을 이 자리에서 약속한다.

 NOTE

오늘 내가 할 일

오늘 내가 한 일

February 

18

자신감 충전을 위한 공식, 둘
(암기하고 매일 반복할 것)

나는 내 마음속의 지배적인 생각이 결국 표면으로 드러나고 물리적인 행동으로 표현되며 점차 물리적 현실로 변할 것을 인지하고 있다.
그러므로 나는 매일 삼십 분씩 내가 되고 싶은 사람을 떠올리는 일에 내 생각을 집중할 것이다. 그렇게 함으로써 마음속에 내 미래의 모습을 명확하게 만들어놓을 것이다.

오늘 내가 할 일

오늘 내가 한 일

February

19

자신감 충전을 위한 공식, 셋
(암기하고 매일 반복할 것)

나는 자기암시의 원리를 통해 내 마음속에 고집스럽게 갖고 있던 생각이 결국 목적 달성을 위한 현실적 방법을 사용하여 외부로 표현될 것을 알고 있다. 따라서 나는 매일 십분씩 자신감을 충전하는 데 사용할 것이다.

오늘 내가 할 일

오늘 내가 한 일

February 

20

자신감 충전을 위한 공식, 넷
(암기하고 매일 반복할 것)

나는 내 인생의 명확한 중점 목표를 정해 글로 써 두었다. 그 목표를 달성하기 위한 충분한 자신감이 생길 때까지 나는 결코 노력을 중단하지 않을 것이다.

오늘 내가 할 일

오늘 내가 한 일

February

21

자신감 충전을 위한 공식, 다섯
(암기하고 매일 반복할 것)

나는 진실과 정의에 기반을 두지 않은 부와 지위는 오래갈 수 없다는 것을 잘 알고 있다. 따라서 관련된 모든 사람에게 혜택이 주어지는 일이 아니라면 절대 개입하지 않을 것이다.
나는 내가 사용하고자 하는 힘을 끌어들이고 다른 사람과의 협력을 통해 성공할 것이다.
나는 기꺼이 다른 사람을 섬길 것이며, 다른 사람도 나를 섬기도록 유도할 것이다.
나는 인간에 대한 사랑으로 미움과 시기, 질투, 이기심, 냉소주의를 없애버릴 것이다. 왜냐하면, 다른 이의 삶을 미워하는 부정적 태도는 결코 나에게 성공을 가져다주지 않는다는 것을 알기 때문이다.
나 자신과 다른 사람을 신뢰할 것이며 그로 인해 다른 사람이 나를 신뢰하도록 만들 것이다.

오늘 내가 할 일

오늘 내가 한 일

February

22 생각이 현실을 바꾼다

마음속의 반복적인 생각이 결합하고 물리적 대체물로 변화되기 위한 준비를 하는 화학실험실과도 같은 잠재의식은 건설적인 반복적 생각과 파괴적인 반복적 생각을 구분하지 못하고 반복적 생각을 통해 공급되는 자료에 의해서만 운영된다. 잠재의식은 용기나 신념에 근거한 생각을 현실로 변환하는 것만큼 두려움에 근거한 생각도 기꺼이 현실로 변환한다.

마치 전기가 건설적인 목적으로 사용되면 산업을 발전시키고 삶에 유용한 서비스를 제공하지만, 잘못 사용되면 파멸을 초래할 수도 있는 것처럼 자기암시의 법칙도 그것을 이해하고 적용하는 정도에 따라 평안과 번영에 이를 수도 있고 절망과 실패, 심지어 죽음의 골짜기로 떨어질 수도 있다.

오늘 내가 할 일

오늘 내가 한 일

February

23

자기암시의 법칙

스스로 실패자라고 생각한다면 당신은 실패자다. 스스로 용기 없는 자라고 생각한다면 당신은 용기 없는 자다. 승리를 원하면서 승리할 수 없다고 생각한다면 절대로 승리할 수 없다. 스스로 패배자라고 생각한다면 당신은 패배자다. 우리가 살아가는 이 세상에서 성공은 항상 성공 의지에서 출발한다. 모든 것은 마음의 상태에 달려 있다. 스스로 뛰어난 사람이라고 생각한다면 당신은 뛰어난 사람이다. 성공에 도달하려면 높이 생각해야 하고 성공의 결실을 생각하기에 앞서 스스로에 대한 확신을 가져야 한다.

더 강하고 더 빠른 사람이 언제나 승리하는 것은 아니다. 그러나 언제나 승리하는 자는 스스로 할 수 있다고 믿는 자이다.

 NOTE

오늘 내가 할 일

오늘 내가 한 일

February +

24

신념의 속성

신념은, 반복적 생각에 생기와 활력을 주고 그것이 행동으로 바뀌도록 만드는 불멸의 묘약(eternal elixir)임을 기억해라.

신념은, 부를 축적하는 출발점이다.

신념은, 과학의 법칙으로 분석할 수 없는 모든 미스터리와 기적의 근원이다.

신념은, 실패를 떨쳐버릴 수 있는 유일한 해결책이다.

신념은, 기도의 힘과 결합하여 화학 반응을 일으키며, 신성의 지혜와 직접적으로 소통할 수 있는 방법이다.

신념은, 유한한 사람의 마음이 만들어내는 평범한 생각의 진동을 영적 차원의 대체물로 변환시키는 요소다.

신념은, 신성의 지혜가 보유한 장대한 힘을 인간이 마음껏 사용할 수 있는 유일한 매개체다.

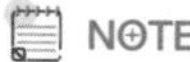

오늘 내가 할 일

오늘 내가 한 일

February

25 성공의 씨앗은 누구에게나 있다

당신의 머릿속 세포 어딘가에는 아직 깨어나지 않은 성공의 씨앗이 있을 것이다. 잠에서 깨어 활동을 시작하면 감히 꿈꿀 수조차 없었던 엄청난 성공으로 당신을 인도해줄 씨앗 말이다. 음악의 대가가 바이올린 네 개의 현에서 비할 데 없는 아름다운 선율을 뽑아내듯이 당신의 머릿속에 잠들어 있는 천재성으로 더 높은 곳을 향해 그리고 성취하고자 하는 목적을 향해 매진할 수 있다.

에이브러햄 링컨(Abraham Lincoln)은 마흔을 훨씬 넘길 때까지 실패만 경험했다. 일생일대의 놀라운 경험이 찾아와 마음속에 잠들어 있던 천재성을 일깨워 세상이 필요로 하는 위대한 지도자로 바뀌기 전까지 그를 알아주는 사람은 아무도 없었다. 링컨의 경험은 그가 진정으로 사랑했던 단 한 명의 여인 앤 러틀리지(Anne Rutledge)를 통해 얻은 것이다.

오늘 내가 할 일

오늘 내가 한 일

February 

26 사랑의 위대함

사랑의 감정이 신념이라고 말하는 마음의 상태와 매우 흡사하다는 것은 이미 알려진 사실이다. 사랑의 감정이 반복적인 생각을 영적 차원의 대체물로 변환하는 데 매우 근접해 있다고 볼 수 있는 이유도 바로 이것이다. 집필을 위한 자료를 조사하는 동안 뛰어난 성공을 이루어낸 수많은 남성의 업적과 성취에 대해 분석하면서 나폴레온 힐이 발견한 것은 거의 모든 위대한 남성에게는 여성의 사랑이라는 영향력이 존재한다는 것이다. 사람의 마음과 머릿속에 있는 사랑의 감정은 이 세상에 떠돌고 있는 더 높고 더 섬세한 진동을 끌어들이는 우호적인 자성을 만들어낸다.

오늘 내가 할 일

오늘 내가 한 일

February

27 신념은 기적을 만든다

기적(miracle)이라고 해석할 수도 있는 그리스도의 가르침과 성취에 대한 요약 그리고 그 본질은 다른 무엇도 아닌 신념이다. 세상에 기적이 존재한다면 그것은 오직 신념이라는 마음의 상태가 만들어낸 것이다.

마하트마 간디(Mahatma Gandhi)가 보여준 신념의 힘에 대해 생각해보자. 우리는 그를 통해 신념의 잠재적 힘을 보여주는 놀라운 사례를 볼 수 있다. 간디는 재력이나 전함, 군사, 전쟁을 위한 지원과 같은 힘이 될 만한 도구가 전혀 없었음에도 누구보다 큰 잠재적인 힘을 휘둘렀던 인물이다. 그는 신념의 힘으로 그 어떤 막강한 군대도 이루어낼 수 없었던 성공을 이뤄냈다. 20억 명의 마음을 모아 마치 하나의 마음인 것처럼 움직이게 했다. 신념이 아니라면 이 세상의 어떤 힘이 그 정도의 업적을 이루어낼 수 있겠는가?

 NOTE

오늘 내가 할 일

오늘 내가 한 일

February

28

안 된다고 생각하면 성공은 절대 찾아오지 않는다

부자가 되는 것은 부자가 되겠다는 생각에서부터 시작된다.

부가 실현되는 정도는 각자의 마음속에서 생각이 실제 행동으로 바뀌는 정도에 따라 달라지며 신념은 그 한계를 무너뜨린다. 인생의 여정에서 무엇이든 자신의 인생을 걸고 협상을 해야 하는 상황에 부딪힐 때 이것을 반드시 기억하라.

미국의 철강회사인 US스틸사(United States Steel Corporation)를 만든 앨버트 게라(Elbert H. Gary)도 처음에는 누구도 알아주지 않는 평범한 사람이었다는 사실 또한 기억하자. 그 획기적인 아이디어를 내놓기 전까지 그는 그저 이름 없는 변호사에 불과했다. 자신의 아이디어 하나로 단숨에 힘과 명예, 부를 누릴 수 있는 위치에 올라서게 된 것이다.

자신이 스스로 인정하는 것 외에 우리 마음에 한계점이란 없다. 가난과 부는 어느 쪽이든 생각의 산물인 것이다.

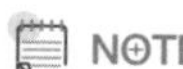

오늘 내가 할 일

오늘 내가 한 일

명심하라. 할 수 있다고 믿는 만큼만 할 수 있는 것이다.

◆◆◆
◆◆◆

AUTO-SUGGESTION

March

3

자기암시

March

+

성공하겠다고 마음먹는 건 오직 자신만이 할 수 있는 일이다

자기암시란 의도적인 생각이 자리 잡고 있는 마음이나 잠재의식이 행동으로 표출되도록 만들어주는 마음 간의 의사소통 수단이다. 자신의 의식에 남아 있도록 스스로 허락한 지배적인 생각을 통해 자기암시의 원리는 자발적으로 잠재의식에 도달하고 영향력을 행사한다.

자기암시의 원리를 실천할 수 있는 능력은 자신이 정한 열망이 불타는 집념이 될 때까지 그것에 집중할 수 있는 역량에 따라 크게 달라진다. 그 역량이라는 것은 바로 끈기를 의미한다. 노력했지만 실패했다면 다시 한번 노력하라. 그리고 성공할 때까지 한 번 더 노력하라. 쉽지 않은 일이라는 것은 누구나 알고 있다. 하지만 다시 노력하지 않는다면 결과는 하나뿐이다. 실패한 그 자리에 주저앉는 것. 이런 순간에 당신을 일으켜 세워주는 것은 바로 끈기다.

스스로 실천하고자 하는 열망도 없이 다른 사람에게 먼저 행동에 옮겨야 한다고 말할 수는 없다. 자신이 다른 사람에게 하는 말은 자기암시의 법칙을 통해 자신의 잠재의식에도 각인되며 그것이 참이든 거짓이든 오래도록 남아 있게 된다. 인간이 자신의 삶과 주변 환경의 주인이 될 수 있는 것은 자신의 잠재의식에 영향력을 행사하고 그것을 통해 신성의 지혜와 협력할 수 있는 능력을 보유하고 있기 때문이다.

잠재의식에 명확한 목표를 각인시킬 수 있는 심리학적 원리가 바로 자기암시다. 자신에게 반복적으로 제안하는 암시 말이다. 코르시카 출신의 가난뱅이에서 프랑스의 황제가 된 나폴레옹, 기차역의 신문팔이에 불과했던 소년에서 세상이 필요로 하는 훌륭한 발명가가 된 토머스 에디슨에게 도움을 준 원리도 바로 이 자기암시였다.

자신이 얻고자 노력하는 목표가 오랫동안 자기에게 행복을 가져다줄 거라는 확신만 있다면 성공은 가까이에 있다. 자신의 명확한 목적이 긍정적이라면, 다시 말해 목적 달성으로 인해 누군가가 불행과 좌절을 경험하지 않고 자신에게 평안과 번영을 가져다주는 범위 내에서 신속한 목적 달성을 위해 자기암시의 원리를 적용하도록 하라.

에머슨은 "자기 자신만이 자기에게 평안을 가져다줄 수 있다."라고 말했다. 즉, 오직 자기 자신만이 성공을 가져다줄 수 있다.

March 

1 자기암시의 원리

자기암시(auto-suggestion)는 오감을 통해 우리의 마음에 도달하는 모든 암시이자 스스로 만들어낸 자극제다. 다시 말해 자기암시란 의도적인 생각이 자리 잡고 있는 마음이나 잠재의식이 행동으로 표출되도록 만들어주는 마음 간의 의사 소통 수단이다.

자신의 의식에 남아 있도록 스스로 허락한 지배적인 생각을 통해(그것이 부정적인 생각인지 아니면 긍정적인 생각인지는 그리 중요한 문제가 아니다) 자기암시의 원리는 자발적으로 잠재의식에 도달하고 영향력을 행사한다.

NOTE

오늘 내가 할 일

오늘 내가 한 일

March 

2

끊임없이 자기암시를 하라

부정적이든 긍정적이든 상관없이 어떤 생각도 자기암시의 도움을 받지 않고 잠재의식으로 들어갈 수는 없다. 단 무의식중에 포착되는 생각은 예외다. 다시 말해 오감을 통해 인지되는 모든 감각 정보는 일단 의식적인 생각에 따라 저지되고 의식적인 생각은 감각 정보를 잠재의식으로 전달하거나 아니면 자의적으로 거부한다. 따라서 우리의 의식 기능은 잠재의식으로 접근하는 외부 보호막의 역할을 한다.

오늘 내가 할 일

오늘 내가 한 일

March 

3 자신의 잠재의식을 통제하라

인간이 오감을 통해 자신의 잠재의식에 전달되는 정보에 대한 절대적 통제권을 소유하는 것은 자연의 섭리다. 그렇다고 해서 인간은 자신이 소유한 통제권을 언제나 활용하고 있다는 의미는 아니다. 대개의 사람들은 그 통제권을 사용하지 않는다. 그것이 수많은 사람이 이유도 모른 채 가난한 삶을 살아가고 있는 현실이다.

오늘 내가 할 일

오늘 내가 한 일

March
4

통제력의 매개체 자기암시

잠재의식은 원하는 작물의 씨앗을 심지 않으면 그 자리에 잡초만 무성하게 자라나는 비옥한 땅과 같다. 자기암시란 자신의 잠재의식이 창의적인 생각을 먹고 자랄 수 있도록 도와주거나 파괴적인 생각이 마음속의 풍요로운 땅으로 흘러들어가도록 방치할 수 있는 통제력의 매개체다.

오늘 내가 할 일

오늘 내가 한 일

March

5 생각의 습관화

자신이 작성한 돈에 대한 '부자성명서'를 하루에 두 번, 큰 소리로 읽고 그 돈을 이미 소유하고 있는 자신의 모습을 상상하고 느껴볼 것을 권고한 바 있다. 그렇게 함으로써 절대적인 신념의 차원에서 자신이 열망하고 있는 목표를 잠재의식에 직접 전달할 수 있다. 그 과정을 반복하게 되면 열망을 금전적 대체물로 변환하기 위한 노력에 도움을 줄 수 있는 생각의 습관을 자발적으로 만들게 될 것이다.

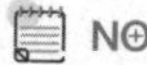

오늘 내가 할 일

오늘 내가 한 일

March 

6

잠재의식에 신념을 결합하라

자신의 '부자성명서'를 큰소리로 읽을 때(자신이 정한 목표를 큰소리로 읽는 과정은 자연스럽게 돈에 대한 관심을 키워나가는 노력의 과정이다.) 감정이나 느낌이 혼합되지 않고 그저 글자를 읽는 것에 그친다면 어떠한 결과도 기대할 수 없다. 잠재의식은 감정이나 느낌과 혼합된 생각만을 인지하고 행동에 옮길 수 있다. 자기암시의 원리를 실제로 적용하고자 하는 사람 중 대다수가 원하는 결과를 얻지 못하는 주 원인도 바로 이것이다. 밋밋하고 감정이 없는 말은 잠재의식에 영향력을 행사할 수 없다. 자신의 잠재의식에 신념의 감정과 혼합된 생각을 전달하는 방법을 습득하기 전까지는 뚜렷한 결과물을 얻지 못할 것이다.

 NOTE

오늘 내가 할 일

오늘 내가 한 일

March 

7

끈기 있게 감정을 통제하는 노력을 하라

감정을 통제하려는 첫 번째 시도가 실패했더라도 의기소침해질 필요는 없다. 무엇이든 거저 얻어지는 것은 없다. 자신의 잠재의식에 도달하여 영향력을 행사할 수 있는 능력을 갖기 위해서는 대가를 치러야 한다. 얄팍한 속임수를 사용하고 싶겠지만 그럴 수도 없다. 잠재의식에 영향력을 행사할 수 있는 능력의 대가는 이 책에서 설명하고 있는 원리를 실천하는 무한한 끈기다. 그보다 싼 값으로 원하는 능력을 얻을 수는 없다. 돈에 대한 관심을 키워나가기 위해 지금 고군분투하는 일이 지불해야 하는 대가만큼의 가치가 있는지 없는지는 오직 자신만이 판단할 수 있다.

오늘 내가 할 일

오늘 내가 한 일

실패했다면 성공할 때까지 다시 노력하라

지혜와 영리함만으로는 부를 끌어들이고 또 유지할 수 없다. 매우 드물게 평균의 법칙에 의해 그것만으로도 가능한 경우가 있기는 하지만 말이다. 이 책에서 설명하고 있는 부를 끌어들이는 방법은 평균의 법칙에 의존하는 것이 아니다. 더구나 누군가에게 특별히 유리하다고 할 수도 없는 방법이다. 누구에게나 똑같이 효율적으로 적용될 수 있다. 실패를 경험했다면 그것은 개인의 실패일 뿐 방법이 잘못된 것은 아니다. 노력했지만 실패했다면 다시 한번 노력하라. 그리고 성공할 때까지 또 한 번 노력하라.

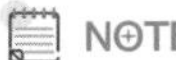

오늘 내가 할 일

오늘 내가 한 일

March

9 부자가 될 수 있다고 반복해서 생각하라

집중의 원리를 지켜나갈 필요가 있다. 6단계 부자 법칙 중 첫 번째 단계에서 '자신이 원하는 금액에 생각을 고정하라.' 라고 지시한 바 있다. 두 눈을 감고 자신이 원하는 금액의 돈에 생각을 집중해보라. 실제로 그 돈이 눈앞에 보이는 것처럼 느껴질 때까지. 이것을 적어도 하루에 한 번은 실천하라.

NOTE

오늘 내가 할 일

오늘 내가 한 일

March

10

자기암시의 원리를 실천할 수 있는 능력

자기암시의 원리를 실천할 수 있는 능력은 자신이 정한 열망이 불타는 집념이 될 때까지 그것에 집중할 수 있는 역량에 따라 크게 달라진다.

6단계 부자 법칙 중 첫 번째 단계에서 '자신이 원하는 금액에 생각을 고정하라.'라고 지시한 바 있다. 두 눈을 감고 자신이 원하는 금액의 돈에 생각을 집중하라. 실제로 그 돈이 눈앞에 보이는 것처럼 느껴질 때까지 말이다. 이것을 적어도 하루에 한 번은 실천하라. 그 과정에서 신념이 말하고 있는 실천사항도 함께 적용하면 원하는 금액을 이미 소유하고 있는 자신의 모습을 상상할 수 있을 것이다.

오늘 내가 할 일

오늘 내가 한 일

March

11 강하게 원하면 곧 현실이 된다

무엇보다 중요한 것은 잠재의식이 절대적 신념에 의해 전달되는 명령을 모두 수용하며 그것을 행동으로 옮긴다는 사실이다.
그 명령이 잠재의식에 의해 해석되기에 앞서 무수히 반복되더라도 그대로 받아들인다. 이것을 염두에 두고 자신의 잠재의식을 상대로 지극히 타당한 속임수를 사용할 수 있을지 한번 시도해보자. 나는 내가 상상하고 있는 액수의 돈을 반드시 소유해야 하고 그 돈은 이미 내 것이나 다름없으며 나의 잠재의식은 그 돈을 획득하기 위한 현실적인 계획을 나에게 건네주어야 한다고 굳게 믿어보는 것이다.

오늘 내가 할 일

오늘 내가 한 일

March

12

원하는 바를 계획하고 실행하라

이제 그 생각을 상상력에 맡겨보자. 그리고 자신의 상상력이 열망의 변환을 통해 원하는 금액의 돈을 축적하는 현실적인 방법을 만들어내기 위해 무엇을 할 수 있는지, 또 무엇을 할 것인지 지켜보자.

지체하지 말고 그 돈을 이미 소유하고 있는 자신의 모습을 상상하는 동시에 자신의 잠재의식에 목표 달성을 위한 계획 수립을 요구하도록 하자. 그리고 그 계획이 포착되면 곧바로 실천한다. 잠재의식이 건네주는 계획은 6가지 감각을 통해 영감(inspiration)이라는 형태로 섬광처럼 마음속으로 들어올 것이다. 영감이란 신성의 지혜로부터 전달된 전문(telegram) 또는 메시지라고 보아도 좋다. 정중한 자세로 받아들이고 즉시 행동으로 옮겨야 한다. 만약 그렇게 하지 못한다면 앞으로의 성공을 이루지 못하는 치명적인 요인이 될 것이다.

오늘 내가 할 일

오늘 내가 한 일

March

13 부에 대한 계획을 세울 때는 이성을 버려라

6단계 부자 법칙 중 네 번째 단계에서 '열망을 실천할 수 있는 명확한 계획을 세우고 즉시 실행하라.'라고 지시한 바 있다. 여기에 바로 앞에서 설명했던 방법을 적용해야 한다. 열망의 변환을 통해 원하는 금액의 돈을 축적해나가기 위한 계획을 세울 때 절대 자신의 이성(reason)에 의존해서는 안 된다. 이성은 불완전한 것이며 이성적 능력은 즉각적으로 움직이기보다는 태만할 수도 있기 때문이다. 이성에 전적으로 의존한다면 실망스러운 결과를 얻을 수도 있다.

두 눈을 감고 원하는 금액의 돈을 상상할 때 자신이 그 대가로 지불하고자 하는 서비스나 물건도 함께 상상하는 것이 관건이다.

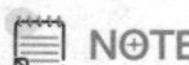

오늘 내가 할 일

오늘 내가 한 일

March 

14

성공의 법칙을 철저하게 실행하라

만족스러운 결과를 바란다면 이 책에서 제공하는 모든 실천사항을 신념을 갖고 빠짐없이 이행해야 한다. 전부가 아닌 몇 가지만 골라서 실천한다면 당신은 반드시 실패할 것이다.

 NOTE

오늘 내가 할 일

오늘 내가 한 일

March

15 칼로 흥한 자는 칼로 망한다

스스로 실천하고자 하는 열망도 없이 다른 사람에게 먼저 행동에 옮겨야 한다고 말할 수는 없다. 자신이 다른 사람에게 하는 말은 자기암시의 법칙을 통해 자신의 잠재의식에도 각인되며 그것이 참이든 거짓이든 오래도록 남아 있게 된다. 칼로 흥한 자는 칼로 망한다. 다시 말해 내가 미치는 영향력은 끊임없이 나에게로 돌아와 나의 성품에 배어든다. 다른 사람에게 솔선수범의 습관을 기르도록 도움을 주면 그것이 곧 나 자신의 습관을 기르는 방법이 된다. 다른 사람에게 미움과 시기 좌절의 씨앗을 심어준다면 그것은 곧 나 자신에게 그대로 돌아올 것이다.

 NOTE

오늘 내가 할 일

오늘 내가 한 일

March

16

자신의 열정으로 타인과 공감하라

열정이라는 자극에 의해 자신의 마음이 강하게 진동한다면, 그 진동은 주변의 모든 사람, 즉 마음속에 특히 가깝게 접촉하는 사람에게 각인될 것이다. 대중을 상대로 연설하는 사람은 청중이 자신과 공감(in harmony)하고 있다는 것을 감지하는데, 그것은 자신의 열정이 청중의 마음에 영향력을 행사하여 그들의 마음속 진동이 자신의 것과 조화를 이루고 있다는 사실을 인지하는 것이다.

마찬가지로 영업사원이 계약 체결의 순간이 다가왔음을 감지하는 것은 자신의 열정이 잠재적 구매자의 마음에 영향력을 행사하여 자신의 마음과 조화를 이루고 있다는 것을 느끼는 순간일 것이다.

NOTE

오늘 내가 할 일

오늘 내가 한 일

March

17 새로운 아이디어를 두려워하지 마라

새로운 아이디어와 연계된 회의적 자세는 인간의 본성이다. 《Think and Grow Rich》에서 제안하는 모든 실천사항을 좇아간다면 그 회의적 자세는 머지않아 믿음으로 바뀔 것이고 그것은 곧 절대적 신념으로 확고히 자리 잡을 것이다. 그러면 당신은 비로소 "나는 내 운명의 주인, 내 영혼의 선장!"이라고 말할 수 있는 경지에 이른다.

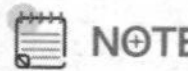

오늘 내가 할 일

오늘 내가 한 일

March 

18

인생의 주인은 바로 나 자신

철학자들이 인간은 각자의 세속적 운명의 주인이라고 말한 바 있지만, 그들 대부분이 스스로 운명의 주인인 이유를 설명하는 데는 실패했다. 인간이 자신의 삶과 주변 환경의 주인이 될 수 있는 이유는 자신의 잠재의식에 영향력을 행사하고 그것을 통해 신성의 지혜와 협력할 수 있는 능력을 보유하고 있기 때문이다.

오늘 내가 할 일

오늘 내가 한 일

March

19 신념대로 노력하면 부가 쌓인다

열망을 금전적 대체물인 돈으로 변환하는 일은 스스로 잠재의식에 도달하여 영향력을 행사하는 매개체, 즉 자기암시의 사용을 포함하고 있다. 그밖에 다른 성공의 원리는 자기암시를 적용하는 도구에 지나지 않는다. 이것을 염두에 둔다면 자기암시의 원리가 부를 축적하는 노력에 작용할 것이라는 사실을 인식한 것이다.
마치 말 잘 듣는 어린아이가 된 것처럼 이것을 실천하도록 하라. 어린아이의 신념과 같은 것을 자신의 노력에 주입하라는 말이다. 나는 이 책에서 비현실적인 실천사항을 배제하고자 노력했다. 왜냐하면, 나의 진정한 열망은 도움을 제공하는 것이기 때문이다.

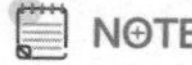

오늘 내가 할 일

오늘 내가 한 일

March 

20

생각은 마음에서 마음으로 전달된다

두려움의 진동이 마음에서 마음으로 전달되는 것은 전파를 통해 사람의 목소리가 라디오로 전달되는 것만큼이나 신속하고 또 확실한 것이다. 정신의 감응은 실제 상황으로 구현된다.

생각은 마음에서 마음으로 자발적으로 전달된다. 어쨌든 이 사실은 생각을 전달하는 사람 또는 그 생각을 받아들이는 사람 중 어느 한쪽은 인지하게 된다.

오늘 내가 할 일

오늘 내가 한 일

March

21 부정적 생각의 세 가지 폐해

부정적 혹은 파괴적인 생각을 말로 표현하는 사람은 자신이 뱉은 말이 파괴적인 대가로 자신에게 되돌아오는 결과를 경험하게 될 것이다. 굳이 말로 표현하지 않더라도 파괴적이고 반복적인 생각을 풀어놓는 것만으로도 그 대가는 여러 가지 모습으로 되돌아온다.

첫째, 파괴적인 생각을 풀어놓는 사람은 창의적 상상력을 제대로 쓰지 못하는 고통을 당하게 될 것이다. 이것은 반드시 기억해야 할 가장 중요한 부분이다.

둘째, 파괴적 감정이 존재하는 마음은 부정적인 성품으로 발전하고 그 사람을 혐오스럽게 만들거나 적대자로 바꿔버린다.

셋째, 그러한 반복적 생각이 다른 사람에게 피해를 줄 뿐만 아니라 자기 자신의 잠재의식에 배어들어 결국 자신의 성품을 바꿔버린다는 사실이다.

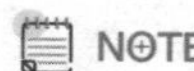

NOTE

오늘 내가 할 일

오늘 내가 한 일

March 

22

성공은 성공하겠다는 반복적인 생각에서 시작된다

단순히 생각이 표현되었다고 해서 그걸로 끝나는 것은 결코 아니다. 생각이 표현될 때는 주변 공간을 통해 여러 방향으로 퍼져나간다. 또한 생각을 표현한 당사자의 잠재의식에 영원히 각인된다.
인생의 궁극적인 목표는 아마도 성공일 것이다. 성공하기 위해서는 마음의 평안을 찾아야 하고 살아가는 데 필요한 지원을 받아야 한다. 그리고 무엇보다 행복을 찾아야만 한다. 이 모든 성공의 증거물이 반복적인 생각에서 시작된다.

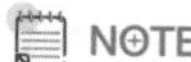

오늘 내가 할 일

오늘 내가 한 일

March

23 마음을 통제하라

우리는 각자의 마음을 통제할 수 있다. 자신이 선택한 반복적인 생각을 마음에 주입시킬 수 있는 힘을 갖고 있다는 말이다. 이런 특권에는 그것을 건설적으로 사용해야 하는 책임도 함께 수반된다. 생각을 통제할 수 있는 힘을 갖고 있는 것만큼이나 스스로가 운명의 주인이라는 것도 분명한 사실이다. 자신의 주변 환경에 영향력을 행사하고 방향을 제시하며 궁극적으로 그것을 통제하면서 자신이 원하는 삶을 가꾸어 갈 수도 있다. 반대로 자신에게 주어진 특권을 활용하지 않고 방치하여 상황(circumstance)이라는 넓은 바다에 이리저리 치이면서 파도에 휩쓸리는 파편처럼 자신을 던져 놓는 결과를 초래할 수도 있다.

오늘 내가 할 일

오늘 내가 한 일

March
24

긍정적인 목표를 세워라

잠재의식에 명확한 목표를 각인시킬 수 있는 심리학적 원리가 바로 자기암시다. 자신에게 반복적으로 제안하는 암시 말이다. 자기 최면이라 해도 무방하지만, 최면이라는 말에 겁먹을 필요는 없다. 코르시카 출신 가난뱅이에서 프랑스의 절대권력자로 올라섰던 나폴레옹이 사용한 원리나 신문팔이 소년에서 훌륭한 발명가가 된 토머스 에디슨에게 도움을 준 원리도 바로 그것이다.

자신이 얻고자 노력하는 목표가 오랫동안 자기에게 행복을 가져다줄 거라는 확신만 있다면 자기암시의 원리에 대한 두려움을 가질 필요가 없다. 다만 자신의 명확한 목적이 긍정적이어야 한다. 나의 목적 달성으로 인해 불행과 좌절을 경험하는 사람이 없어야 하고 자신에게는 평안과 번영을 가져다주어야 한다. 그렇게 긍정적인 목적이라면 자신이 이해하는 범위 내에서 신속한 목적 달성을 위해 자기암시의 원리를 적용해도 좋다.

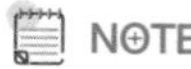

오늘 내가 할 일

오늘 내가 한 일

March
25 잠재의식은 자석과 같다

잠재의식은 마치 자석과도 같다. 명확한 목적에 완전히 동화되어 활력을 가진 잠재의식은 그 목적의 달성을 위해 필요한 모든 것을 끌어당기는 확고한 경향을 띠게 된다. 끼리끼리 모인다는 인력의 법칙은 자연에서도 어렵지 않게 찾아볼 수 있다. 도토리는 토양과 공기로부터 떡갈나무로 성장하는 데 필요한 자원을 끌어들이지 않는가. 절반은 떡갈나무로, 나머지는 포플러나무로 성장하는 경우는 결코 없다.

사람도 이와 같은 인력의 법칙으로부터 영향을 받는다. 저렴한 숙박시설이 모여 있는 곳에 가면 유사한 성향의 사람들이 서로 모여드는 것을 볼 수 있다. 마찬가지로 상류사회를 보더라도 그곳에도 똑같은 성향의 사람들끼리 모여 있는 것을 볼 수 있다. 성공한 사람은 언제나 성공한 사람과 함께 있으려 하고 순탄치 못한 인생을 사는 사람은 언제나 비슷한 처지에 있는 사람들과 함께 있고 싶어 한다. 동병상련이라는 말도 있지 않은가.

오늘 내가 할 일

오늘 내가 한 일

March 

26 목표를 높게 세워라

원하든 원하지 않든 자신의 인생철학과 조화를 이루는 사람을 자신에게 끌어들이게 마련이다. 그것이 진실임을 안다면 목적 달성에 걸림돌이 되는 사람이 아닌 도움을 줄 수 있는 사람들을 자신에게 끌어들이는 명확한 중점 목표로 자신의 마음에 활력을 불어넣는 일이 얼마나 중요한 것인지도 충분히 알 수 있을 것이다. 자신의 명확한 중점 목표가 현재의 자신이 처한 상황에 비해 훨씬 높다고 가정해보자. 그것이 어쨌다는 말인가? 목표를 높게 갖는 것은 특권이자 스스로에 대한 그리고 자신이 살고 있는 사회에 대한 의무다.

사리에 벗어나는 일이 아니라면 명확한 목표를 가진 사람이 그 목표를 달성할 가능성이 높다는 믿음을 증명할 수 있는 증거는 무수히 많다.

오늘 내가 할 일

오늘 내가 한 일

March

27 명확한 목표를 갖고 행동하라

명확한 목표를 설정하는 데 자기암시의 원리를 적용하는 방법을 알고 있는 사람에게 달갑지 않은 환경이란 있을 수 없다. 그런 사람은 가난의 족쇄를 끊어버릴 수도 있고 치명적인 질병도 극복할 수 있으며 미천한 존재에서 힘과 부를 누릴 수 있는 위치에 올라설 수도 있다.

위대한 지도자들은 하나 같이 자신의 명확한 목표에 리더십의 뿌리를 두고 있다. 자신이 따르는 리더가 명확한 목표를 갖고 있으며 용기 있는 행동으로 그것을 뒷받침하고 있을 때 기꺼이 추종자가 되는 것이다.

말을 안 듣는 조랑말도 고삐를 잡은 마부가 명확한 목표를 갖고 있다면 순순히 말을 듣는다. 명확한 목표를 가진 사람이 군중 속으로 걸어가면 너도나도 비켜서며 길을 만들어줄 것이다. 그러나 자신이 어디로 가야 할지 확신하지 못하고 우물쭈물하는 모습을 보인다면 군중은 삽시간에 조여들며 한 치의 길도 내어주지 않을 것이다.

NOTE

오늘 내가 할 일

오늘 내가 한 일

March 

28

목표를 달성하게 하는 건 결국 강한 열망이다

자기암시의 원리를 통해 몸과 마음에 완전히 배어든 열망이 사람의 마음을 그 열망이 목표로 하는 것을 끌어들이는 강력한 자석으로 바꾸어진다는 것을 과학이 입증해왔다는 데에는 의심의 여지가 없다. 예를 들면, 단순히 자동차를 원하는 마음만으로 자동차를 소유할 수 없지만, 자동차에 대한 불타는 열망이 있다면 그 열망이 자동차를 소유하는 데 필요한 적절한 행동으로 이어지게 할 것이다.

단순히 자유를 원하는 것만으로는 감옥에 갇힌 사람이 풀려날 수 없다. 자유를 얻을 수 있는 행위를 유발할 만큼 강력한 열망이 아니라면 말이다.

이것이 바로 열망이 성취로 이어지는 과정이다. 먼저 불타는 열망이 전제되어야 하고 그 열망을 명확한 목적으로 설정해야 한다. 그다음이 목적의 달성을 위한 충분하고도 적절한 행동이다. 성공을 위해서는 이 세 가지 단계를 반드시 거쳐야 한다는 것을 기억하라.

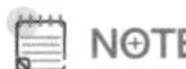

오늘 내가 할 일

오늘 내가 한 일

March 

29 자신감을 갖고 노력하고 또 노력하라

노력의 필요성에 대한 인식의 부족은 야망이나 의지력의 부재로 이어질 뿐만 아니라 그보다 더 위험한 마음을 무기력하게 만들어 자신감을 잃어버리는 결과를 초래한다. 더 이상 노력할 필요가 없어 노력을 중단한 사람은 자신감을 약화시키는 일에 자기암시의 원리를 적용한 것이나 마찬가지다. 그런 사람은 결국 강요에 의해 억지로 행동하는 사람을 경멸의 눈초리로 바라보는 마음의 상태로 자신도 모르는 사이에 흘러 들어가고 말 것이다. 사람의 마음은 전지(electric battery)와도 같아서 긍정적일 수도 있고 부정적일 수도 있다. 그런 사람의 마음을 충전하여 긍정적으로 만들어주는 것이 바로 자신감이다.

 NOTE

오늘 내가 할 일

오늘 내가 한 일

March 

30 내가 자신을 믿지 않으면 누구도 나를 믿지 않는다

반복적인 확신을 통해 잠재의식 속에 확고히 자리 잡은 생각은 저절로 목표 달성을 위한 노력으로 자신을 인도할 보이지 않는 힘을 사용하는 데 필요한 계획이 된다는 것을 알았다. 자신이 선택한 생각을 자신의 마음속에 고정시키는 것을 스스로의 마음에 전달하는 암시, 즉 자기암시라고 부른다는 것도 알았다. 에머슨이 "자기 자신만이 스스로에게 평안을 가져다줄 수 있다."라고 한 것도 이러한 자기암시의 원리를 염두에 둔 것이 아닐까.

자기 자신만이 스스로에게 성공을 가져다줄 수 있다는 문장도 함께 기억해두기 바란다. 물론 더 광범위한 성공을 원한다면 다른 사람의 협력도 필요할 것이다. 그러나 자신감이라는 긍정적 자세로 자신의 마음에 활력을 불어넣지 않는다면 다른 사람의 협력은 결코 기대할 수 없을 것이다.

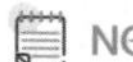

NOTE

오늘 내가 할 일

오늘 내가 한 일

March

31

긍정적인 습관을 만들어라

습관은 환경으로부터 자란다. 똑같은 일을 반복하고 똑같은 생각이나 말을 되풀이하면서 말이다. 습관이 축음기 위에서 돌아가는 레코드판의 홈과 같다고 한다면 사람의 마음은 그 홈에 들어맞는 축음기의 바늘과 같다.

습관이 생각이나 행동의 반복을 통해 형성되었을 때 사람의 마음은 그 습관에 달라붙어 그대로 쫓아가려는 경향을 보인다. 마치 레코드판의 홈을 축음기의 바늘이 따라가는 것처럼.

습관은 시각, 청각, 후각, 미각 그리고 감각의 오감을 주어진 방향으로 반복적으로 보내면서 만들어진다.

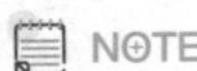

오늘 내가 할 일

오늘 내가 한 일

+

내가 아는 사람의 아내가 틀니를 착용했는데, 어느 날 부주의로 인해 바닥에 떨어져 틀니가 깨졌다. 남편이 깨어진 조각을 찬찬히 살펴보면서 흥미를 보이자 아내가 말했다. "마음만 먹으면 당신도 만들 수 있어요."

그는 고작 농부에 불과했고 그런 기술 같은 것을 배운 적조차 없었다. 하지만 아내는 그를 믿어주었고, 아내로 인해 용기를 얻은 남편 역시 스스로 할 수 있다고 생각하며 치과 관련 일을 시작했다. 시간이 흘러 그 남편은 버지니아주 일대에서 가장 성공한 실력 있는 치과의사가 되었다.

나는 그들을 잘 알고 있다. 그들은 나의 아버지와 어머니다.

| 나폴레온 힐 |

특별한 사람이 되고 싶다면, 배우는 것을 게을리 하지 마라.

SPECIALIZED KNOWLEDGE

April

4

특별한 지식

+

지식을 추구하는 길이 곧 성공으로 가는 길이다

지식은 결코 힘이 아니며 다만 잠재적 힘에 지나지 않는다. 명확한 행동 계획으로 체계화되고 명확한 목표를 향해 방향을 잡고 있을 때 비로소 힘이 되는 것이다. 따라서 부를 얻겠다는 목표를 세웠다면 그것을 실행할 수 있는 특별한 지식을 쌓아야 한다. 특별한 지식은 인생의 중요한 목표나 도달하고자 하는 목적지 등에 대해 더 구체적이고 실질적인 청사진을 제시해 줄 것이다. 특별한 지식을 얻기 위해서 신뢰할 수 있는 지식의 원천에 대한 정확한 정보를 갖는 일은 무엇보다도 중요하다. 그 출처로 가장 우선시 되는 것은 자신의 경험과 교육이다. 다른 사람들(마스터 마인드 동료들)과의 협력을 통해 활용할 수 있게 되는 경험과 교육도 물론 빼놓을 수 없다. 그 외 대학교육, 공공도서관(책과 잡지를 통해 인류 문명이 이룩한 모든 지식을 찾아볼 수 있다), 특별한 훈련과정을 통해 자신의 목표에 맞는 특별한 지식을 얻을 수 있을 것이다.

18세기 미국의 작가이자 혁명이론가였던 토머스 페인은 말했다.

"학습하는 사람은 결국 스스로가 선생님이 된다. 학습에 의해 터득한 원칙은 기억에 의해서만 인식되는 것이 아니라 자신의 이해를 통해 마음속에 자리 잡기 때문이다. 그리고 이해를 통해 인식된 것이 아니라면 결코 오래 지속되지도 않을 것이다."

이처럼 성공한 사람은 자신의 중요한 목적이나 사업 혹은 전문성과 연관된 특별한 지식을 습득하는 일을 절대 중단하지 않는다. 지식을 쌓는 일에 있어서 끝은 존재하지 않는 것이다.

사람이라면 누구나 이렇다 할 해결책이 없는 한 가지 약점을 갖고 있다. 그것은 바로 야망의 부재다. 여유 시간을 학습을 위해 사용하는 사람, 특히 월급쟁이 중에 그런 사람이 있다면 그 사람이 낮은 지위에 오래도록 머물러 있을 가능성은 거의 없다. 그들의 행동은 더 높은 곳으로 올라갈 수 있는 길을 열어준다. 그 길에 있는 수많은 장애물을 제거하고 그들에게 기회를 제공할 힘을 가진 사람들로부터 우호적인 관심을 받을 수 있는 계기를 제공한다.

좋은 아이디어는 돈으로 환산할 수 없을 정도로 가치 있으며, 모든 아이디어의 이면에는 특별한 지식이 뒷받침되어 있다. 때문에 특별한 지식을 아이디어로 변환하여 부를 실현시키는 사람은 상상력이 풍부한 사람일 수밖에 없다. 상상력은 창의력을 키워주며 보통사람들보다 더 뛰어난 성과를 안겨줄 수 있다. 즉 특별한 지식을 추구하고자 노력하는 것은 결국 성공에 다다르는 길과 같다.

April 1

지식은 잠재적 힘이다

지식에는 두 가지가 있다. 일반적 지식(general knowledge)과 특별한 지식(specialized knowledge)이 그것이다. 양적인 면에서 혹은 다양성의 측면에서 아무리 엄청나다고 해도 일반적 지식은 부의 축적에 아무런 도움이 되지 않는다. 지식은 부의 축적이라는 명확한 목표를 위한 실천적 행동 계획을 통해 체계화되고 지적 방향성을 부여받지 않는 한 부를 끌어들이는 요인이 되지 못한다. 이런 사실에 대한 이해가 부족했기 때문에 '지식은 힘이다'라는 잘못된 믿음을 가졌던 수백만 명의 사람들은 혼란스러울 수밖에 없었다.

지식은 결코 힘이 아니며 다만 잠재적 힘에 지나지 않는다. 명확한 행동 계획으로 체계화되고 명확한 목표를 향해 방향을 잡고 있을 때 비로소 힘이 되는 것이다.

 NOTE

오늘 내가 할 일

오늘 내가 한 일

April +

2

교육받은 사람의 의미

교육을 받았다고 해서 그 사람이 반드시 일반적 지식 혹은 특별한 지식을 많이 갖고 있다고는 볼 수 없다. 교육받은 사람이란 자신이 원하는 것 혹은 그 대체물을 다른 사람의 권리를 침해하지 않으면서 획득할 수 있는 마음의 능력을 소유하고 있는 사람을 의미한다.

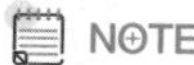

오늘 내가 할 일

오늘 내가 한 일

April
3

자신의 약점을 마스터 마인드 팀의 도움으로 극복하라

열망을 금전적 대체물로 변환시키는 능력을 확신하기에 앞서 금전적 대체물을 획득하는 대가로 지불하고자 하는 서비스나 상품 혹은 전문성에 대한 특별한 지식을 갖추어야 할 필요가 있다. 자신이 가진 능력이나 그것을 획득하려는 성향보다 더 많은 특별한 지식이 필요할 수도 있다. 그럴 때는 마스터 마인드 팀의 도움을 받아 자신의 약점을 극복하는 것도 하나의 방법이다.

 NOTE

오늘 내가 할 일

오늘 내가 한 일

April 4

마스터 마인드 팀을 활용하라

사람은 때때로 열등감으로 인해 힘든 시간을 보내기도 한다. 그 이유는 교육받지 않은 사람이기 때문이다. 부를 축적하는 일에 유용한 지식을 보유하고 있는 마스터 마인드 팀을 조직하고 그들에게 방향을 제시할 수 있는 사람은 그들 중 누구보다도 교육받은 사람이라 할 수 있다. 자신의 학력이 모자란다는 이유로 열등감을 느끼고 있다면 이 말을 반드시 기억하라.

오늘 내가 할 일

오늘 내가 한 일

April

5 목표 달성을 위해 필요한 지식을 쌓아라

특별한 지식은 가장 풍부하고도 저렴한 형태의 서비스일 수 있다. 우선 자신이 필요로 하는 특별한 지식이 어떤 것인지 그리고 그것이 필요한 목적이 무엇인지 결정해야 한다. 더 넓은 차원에서 생각한다면 인생의 중요한 목표나 도달하고자 하는 목적지 등이 어떤 지식을 필요로 하는지 결정하는 데 도움을 줄 수 있다. 이 질문에 대한 답을 구했다면 다음 할 일은 신뢰할 수 있는 지식의 원천에 대한 정확한 정보를 갖는 일이다. 그중에서도 가장 중요한 것은 이렇다.

1. 자신의 경험과 교육
2. 마스터 마인드 동료들과의 협력을 통해 활용할 수 있게 되는 경험과 교육
3. 대학교육
4. 공공도서관(책과 잡지를 통해 인류 문명이 이룩한 모든 지식을 찾아볼 수 있다.)
5. 특별한 훈련과정(야간학교나 가정학습을 통해 이루어지는 교육)

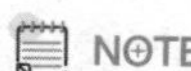

오늘 내가 할 일

오늘 내가 한 일

April 

6

습득한 지식을 체계화하고 활용하라

지식이 습득된 이후에는 그것을 체계화하고 실제로 활용하는 과정이 반드시 필요하다. 지식은 의미 있는 결과물을 얻기 위해 실제로 적용되기 전까지는 아무런 가치도 없다. 대학 졸업장에 그리 큰 의미를 부여하지 않는 이유도 여기에 있을 것이다. 그것은 잡다한 지식을 갖고 있음을 대변할 뿐이기 때문이다. 추가적인 학교 교육을 고려하고 있다면 먼저 교육을 통해 얻은 지식을 어디에 쓸 것인지 그 목적을 명확히 규명해야 한다. 그리고 그 특정한 교육을 받을 수 있는 신뢰할 수 있는 기관에 대해 알아보는 것이 우선이다.

 NOTE

오늘 내가 할 일

오늘 내가 한 일

April 7

지식을 쌓는 일을 중단하지 마라

성공한 사람은 자신의 중요한 목적이나 사업 혹은 전문성과 연관된 특별한 지식을 습득하는 일을 절대 중단하지 않는다. 성공하지 못하는 사람은 대개 정규 교육이 끝남과 동시에 지식의 습득도 멈추어 버린다고 믿는 실수를 범한다. 학교 교육은 자신에게 필요한 특별한 교육을 받을 방법을 가르쳐줄 뿐인데도 말이다.

오늘 내가 할 일

오늘 내가 한 일

April 

8 모든 지식의 기회를 활용하라

사람들은 노력과 비용을 들이지 않고 얻은 것에 대해서는 감사할 줄 모르고 과소평가한다. 어쩌면 이것이 정규 교육이 제공하는 놀라운 기회를 제대로 활용하지 못하는 이유일 것이다.

특별한 교육의 명확한 프로그램을 통해 얻는 자기 관리 능력은 공짜로 교육 받을 수 있는 기회가 헛되이 낭비된 것에 대한 어느 정도의 보상이 되어 줄 것이다.

 NOTE

오늘 내가 할 일

오늘 내가 한 일

April

9

언제나 지식 습득을 위해 노력하라

우리에게는 이렇다 할 해결책이 없는 한 가지 약점이 있다. 다름 아닌 야망의 부재라는 보편적인 약점이다. 여유 시간을 학습을 위해 사용하는 사람, 특히 월급쟁이 중에 그런 사람이 있다면 그 사람이 낮은 지위에 오래도록 머물러 있을 가능성은 거의 없다. 그들의 행동은 더 높은 곳으로 올라갈 수 있는 길을 열어주는 것이며 그 길에 있는 수많은 장애물을 제거하고 그들에게 기회를 제공할 힘을 가진 사람들로부터 우호적인 관심을 받을 수 있는 계기가 된다.

여가 시간을 이용한 자발적인 학습은 정규 교육 과정을 모두 마친 이후, 실제로 특별히 필요한 교육을 습득해야 하지만 다시 학교 교육을 받을 기회가 없는 직장인에게는 아주 적합한 방법이다.

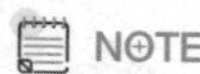

오늘 내가 할 일

오늘 내가 한 일

April 10

기회가 많은 분야에 뛰어들어라

상인은 판매가 부진한 제품이 있다면 그것을 수요가 많은 다른 상품으로 대체할 것이다. 개인의 서비스를 판매하는 업종에 종사하는 사람은 상인의 효율성을 갖고 있어야만 한다. 만약 자신의 서비스가 특정 분야에서 적절한 결과물을 도출하지 못하고 있다면 더 많은 기회가 있는 다른 분야로 바꿔야 한다.

오늘 내가 할 일

오늘 내가 한 일

April 

11

성공은 지식을 추구하는 길과 같다

정규 교육을 마쳤다는 이유만으로 학습을 중단한 사람은 그가 어떤 이름으로 불리든 상관없이 영원히 평범한 사람에 불과할 것이다. 성공의 길은 끊임없이 지식을 추구하는 길과 같다.

오늘 내가 할 일

오늘 내가 한 일

April

12

단조로운 삶에서 벗어나라

밑바닥에서 시작해 차근차근 단계를 밟아 올라 성공에 이른다고 하면 짐짓 정상적이라고 생각할 수도 있을 것이다. 그러나 중요한 반전은 밑바닥에서 시작하는 사람들 대다수가 기회를 포착할 수 있을 정도의 높이까지 올라가는 데 실패하고 그대로 밑바닥에 머물러 있는 것이다. 더구나 밑바닥에서 바라보는 저 높은 곳의 성공이 항상 찬란하거나 고무적인 것만은 아니라는 점도 잊지 말아야 한다. 오히려 야망을 꺾어버리는 경향을 보인다. 우리는 그것을 두고 '판에 박힌 단조로운 삶에 빠지는 것'이라고 부른다. 이는 반복되는 일상의 습관에 빠져 운명을 그대로 받아들이기 때문이다. 너무나 강력해져 그것을 내던져버리려는 시도조차 하지 않는 습관 말이다. 밑바닥으로부터 한두 걸음만 떼어놓아도 충분한 보상을 받는 이유가 여기에 있다. 그러면 비로소 자신의 주변을 둘러보는 습관이 생기고 다른 사람이 앞서 나가는 방법을 관찰하는 습관도 생기며 기회를 찾고 주저 없이 그것을 끌어안는 습관도 생길 것이다.

오늘 내가 할 일

오늘 내가 한 일

April 

13 습관이 성공과 실패를 좌우한다

성공 원칙을 통해 내가 강조하고 싶은 가장 중요한 것은, 높은 지위에 올라서느냐 아니면 밑바닥에 머무느냐 중에서 원한다면 언제든 통제할 수 있는 주변 여건에 따라 바뀐다는 점이다. 밑바닥이란 누구에게나 단조롭고 암울하며 무익한 곳이다.

또 한 가지 내가 더 강조하고 싶은 것이 있다. 성공이나 실패 양쪽 모두 결국에는 습관의 결과물이라는 것이다.

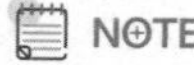

오늘 내가 할 일

오늘 내가 한 일

April
14

상상력이 곧 능력이다

좋은 아이디어는 돈으로 환산할 수 없다. 그리고 모든 아이디어의 이면에는 특별한 지식이 뒷받침되어 있다. 불행하게도 엄청난 부를 갖지 못한 사람은 특별한 지식을 넘치게 갖고 있을 것이며 그것은 아이디어보다 훨씬 쉽게 얻어진다. 이와 같은 명확한 진실로 인해 자신의 능력을 유익하게 판매하도록 다른 사람에게 도움을 줄 수 있는 사람에 대한 보편적 수요가 존재하며 그들을 위한 기회도 점점 많아지고 있다. 능력은 곧 상상력이다. 특별한 지식과 아이디어를 결합하여 부를 가져다주는 체계화된 계획의 형태로 표현하는 능력 말이다.

오늘 내가 할 일

오늘 내가 한 일

April 

15

적게 말하고 많이 들어라

자기통제력의 부재가 가장 일반적이고 파괴적인 형태로 표현되는 것은 쓸데없이 말만 많이 하는 행위다. 지혜로운 사람은 자신이 원하는 것을 분명히 알고 그것을 얻기 위해 있는 힘을 다하며 자신의 말에 신중을 기한다. 환영받지 못하고 통제되지 않은 수다스러움으로부터 얻어지는 것은 아무것도 없다.

대부분 말하는 것보다 듣는 것으로 득을 보는 일이 많다. 경청에 능한 사람은 아주 드물게 자신의 지식에 보탬이 되는 말을 듣게 된다. 경청에 능한 사람이 되기 위해서는 자신에 대한 통제력이 필요하지만, 그로 인해 얻을 수 있는 혜택은 분명 노력만큼의 가치가 있다.

'다른 사람의 마음을 가로채는 것'은 자기통제력의 부재가 표현되는 일반적인 형태다. 그것은 더없이 무례한 행동일 뿐만 아니라 다른 사람으로부터 얻을 수 있는 소중한 배움의 기회를 박탈하는 것이다.

오늘 내가 할 일

오늘 내가 한 일

April

16

성공을 위한 노력에 속임수는 없다

인생은 격렬한 마차 경주와도 같다. 승리는 오직 강인한 성품과 이기고자 하는 명확한 목표와 의지를 가진 사람에게 돌아간다. 중요한 것은 이런 강인한 힘은 갤리선의 노를 저었던 노예들이 경험했던 것 같은 잔인한 환경을 통해 길러지는 것이며, 우리가 그것을 사용하기만 한다면 마침내 승리와 자유를 가져다준다는 것이다.

강인함이 저항을 통해 만들어진다는 것은 불변의 법칙이다. 무거운 망치를 하루 종일 내리쳐야 하는 대장장이의 고단함에 동정을 느낀다면 그로 인해 만들어진 대장장이의 무쇠 같은 팔뚝을 부러워하는 마음도 가져야 할 것이다.

"도둑은 자신에게 도둑질을 한 것이고, 사기꾼은 자신을 상대로 사기를 치는 것이다. 노력의 진정한 대가는 지식과 미덕이며, 곧 부와 신용이 남긴 서명과 같다. 서명은 지폐처럼 위조되거나 도둑맞을 수 있지만, 그것이 대변하고 있는 지식과 미덕은 결코 그럴 수 없다."라고 에머슨은 말했다.

NOTE

오늘 내가 할 일

오늘 내가 한 일

April

17

정보 수집 시 유의사항

타인의 지식과 경험으로부터 사실을 수집해야 하는 경우가 많다. 그다음으로 수집된 자료들과 그 자료의 출처가 된 사람에 대한 신중한 검토가 필요하다. 만약 그것이 자료의 출처가 되는 사람의 이해관계에 영향을 미치는 사실이라면 더욱 신중하고 면밀히 검토해야 할 이유가 생기는 것이다. 왜냐하면, 자신의 이해관계를 보호하기 위해 자료에 변형을 가하는 유혹에 넘어갈 가능성이 높기 때문이다.

 NOTE

오늘 내가 할 일

오늘 내가 한 일

April

18 남을 비방하는 말도 신중하게 들어라

다른 사람을 비방하는 말은 만약 그럴 가치가 있다면 적어도 곧이곧대로 수용하지 않는 신중함을 갖고 들어야 한다. 싫어하는 사람의 나쁜 면만 보려고 하는 것은 인간의 일반적 속성이기 때문이다. 상대방의 과오를 과장하지 않고 장점을 축소하지 않으면서 상대방에 대해 말할 수 있는 정확한 사고 능력의 경지에 이른 사람은 어디까지나 예외적인 경우이며 그것이 보편적인 법칙이 되는 것은 아니다.

유능하다고 하는 사람들조차도 자신의 적이나 경쟁자, 동시대를 살아가는 다른 누군가를 비방하는 천박하고 자기 파괴적인 습관을 떨쳐버리지 못하고 있다. 나는 이와 같은 인간의 일반적 경향에 당신이 주의를 기울일 수 있도록 가능한 모든 방법을 동원하고자 한다. 왜냐하면, 그것이 바로 정확한 사고를 방해하는 치명적 기질이기 때문이다.

오늘 내가 할 일

오늘 내가 한 일

April 

19 지식으로 향하는 네 가지 요소

이쯤에서 네 가지 주요 요소에 다시 한번 주의를 집중시킬 필요가 있다고 본다. 당신도 이 네 가지에 익숙해져야 할 것이다.

자기암시, 잠재의식, 창의적 생각 그리고 신성의 지혜가 바로 그것이다. 이 네 가지 요소는 지식을 찾아가는 오르막길로 이어지는 네 개의 도로와도 같다.

이 중에서 인간의 통제력이 미치는 것은 세 가지뿐이라는 것을 주시하자. 또한, 이 세 가지 길을 건너가는 사람의 태도에 따라 나머지 하나인 신성의 지혜로 넘어가는 시기와 장소가 결정된다는 점도 염두에 두자.

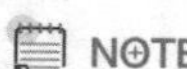

오늘 내가 할 일

오늘 내가 한 일

April 

20

성공의 근원

모든 성공은 힘에 근원을 두고 있으며 힘은 행동으로 표현되는 체계화된 지식으로부터 자라난다는 사실을 마음에 새겨두자. 이 세상은 단 한 가지 지식에 대한 대가만 지불하며 그 한 가지 지식은 건설적 서비스의 형태로 표현된다.

 NOTE

오늘 내가 할 일

오늘 내가 한 일

April
21 늦지 않았다. 새롭게 시작하라

내가 이 분야의 지식을 찾아 나서기 시작할 무렵, 내 마음이 열리고 시야가 넓어지는 속도에 놀라지 않을 수 없었다. 그 신속함의 정도가 얼마나 놀라웠던지 실제로 내가 과거에 모아두었던 지식이라고 믿었던 것들을 깨끗이 청산하고 과거에 진실이라고 믿었던 것들을 완전히 잊어버려야 할 필요성을 느낄 정도였다.
이 말의 의미를 이해하도록 노력하라.

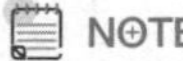

오늘 내가 할 일

오늘 내가 한 일

April
22

관용 없이 정확한 사고는 불가능하다

관용은 인종과 종교에 대한 선입견으로 인해 야기되는 재앙을 피하는 방법을 가르쳐줄 것이다. 수백만 명의 사람들이 인종이나 종교를 놓고 벌이는 어리석은 논쟁에 휘말려 자신의 마음을 오염시키고 이성적 판단이나 세심한 검토를 위한 가능성조차 막아버리는 선입견 말이다.

여기에서 우리가 배워야 할 교훈은 정확한 사고에서 배워야 할 교훈과 마치 일란성 쌍둥이처럼 완벽히 일치한다. 아무리 정확한 사고력을 가진 사람도 관용을 실천하지 않고서는 정확한 사고가 불가능하기 때문이다. 불관용은 지식의 책을 덮어버리고 그 표지에 '끝! 나는 더 이상 배울 것이 없다!'라고 쓰는 것과 다르지 않다. 불관용으로 인해 친구가 되어야 할 사람이 적이 되고, 기회를 부숴버리는 요인이자, 우리의 마음을 의심과 불신, 선입견으로 가득 채울 뿐이다.

오늘 내가 할 일

오늘 내가 한 일

April 

23 황금률을 이해하라

황금률을 실제로 적용한 것으로 위대하면서도 보편적인 인간 행동의 법칙을 활용하는 방법을 배울 수 있다. 다른 사람들로 이루어진 집단으로부터 조화로운 협력을 얻는 일이 결코 어렵지 않은 인간 행동의 법칙 말이다. 황금률이 기반이 되는 법칙에 대한 이해의 부족은 절망과 빈곤에 허덕이며 평생 무엇인가를 갈구하며 살아가는 수백만 명의 사람들이 경험하는 실패의 원인이다. 이 교훈은 어떤 형태로든 종교나 파벌주의와 연관되지 않는다. 성공의 법칙을 적용하는 과정에서 얻을 수 있는 다른 어떤 교훈들도 종교나 파벌주의와는 무관하다.

 NOTE

오늘 내가 할 일

오늘 내가 한 일

April 

24 체계화된 지식을 통해 힘을 키워라

힘은 인간이 추구하는 세 가지 기본 목표 중 하나다. 힘에는 두 가지가 있다. 자연적인 물리적 법칙과의 조화를 통해 길러지는 힘 그리고 지식을 체계화하고 분류하는 것으로 얻는 힘이다. 체계화된 지식을 통해 얻는 힘은 더 중요하다. 그것이 사람의 마음속에 모습이 바뀌고 방향을 전환하고 어느 정도까지는 이용하기도 하며 또 다른 형태의 힘마저 이용할 수 있는 도구를 가져다 놓기 때문이다. 이 책을 읽는 목적은 사용할 수 있는 유용한 사실을 수집하면서 자신이 가진 지식을 통해 성공을 향해 밟아나갈 수 있는 경로를 확인하기 위한 것이다.

지식을 수집하는 데는 두 가지 방법이 있다. 다른 사람에 의해 체계화된 사실들을 공부하고 분류하며 완전히 소화하는 방법과 소위 개인적인 경험(personal experience)이라고 하는, 스스로 사실을 수집하고 체계화하며 구분하는 자신만의 절차를 따르는 방법이 있다.

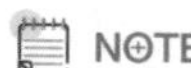

NOTE

오늘 내가 할 일

오늘 내가 한 일

April

25 거대한 문명도 하나의 전자에서 시작되었다

문명(civilization)이라고 알려진 발전의 단계는 인간이 축적한 지식의 양이다. 지식은 정신적 지식과 물리적 지식, 이렇게 두 가지로 구분할 수 있다. 인간에 의해 체계화된 유용한 지식들 중 하나는 우주를 구성하고 있는 모든 물질의 형태인 80여 가지의 물리 요소를 발견하고 또 그것을 분류해 놓은 것이다. 연구와 분석 그리고 정확한 측정을 통해 인간은 우주의 물질적 측면의 거대함(bigness)을 발견했다. 그 대표적인 사례가 행성이나 태양, 별 같은 것이다. 그중에는 인간이 사는 조그만 지구보다 수억 배나 더 큰 것도 있다.

반대로 역시 우주를 구성하는 물질적 측면의 미세함(littleness)을 분자와 원자 그리고 더 이상 미세할 수 없는 입자인 전자 등 80여 가지의 물리 요소로 분류해냈다. 전자(electron)는 눈에 보이지 않지만 양과 음으로 구성된 힘의 중심이다. 전자는 모든 물리적 속성의 시작이라 할 수 있다.

오늘 내가 할 일

오늘 내가 한 일

April 

26 전체를 보기 전에 가장 작은 것부터 살펴라

지식이 수집되고 체계화되며 분류되는 자세한 과정과 그 전망을 이해하기 위해서는 물질의 사소하고 단순한 입자에서부터 시작하는 것이 반드시 필요하다. 왜냐하면, 그것이 바로 우주의 물리적 부분을 위한 전체 틀을 만들어낸 자연의 설계도와 같기 때문이다.

분자는 원자로 이루어져 있다. 원자는 지구가 태양의 주위를 회전하는 것과 동일한 원리에 의해 빛의 속도로 끊임없이 회전하고 있는 보이지 않는 입자이다. 분자 속에서 끊임없이 회전하는 원자는 물질의 최소 단위인 전자라고 불리는 입자로 이루어져 있다. 전자는 획일적이다. 그렇기 때문에 모래 한 알 혹은 물 한 방울에서 우주 전체의 법칙이 복제되는 것이다.

얼마나 놀라운 일인가! 얼마나 엄청난 일인가 말이다. 이제부터는 한 끼 식사로 먹는 음식도, 음식이 담겨 있는 접시도, 접시가 놓여 있는 테이블까지도 전자의 집합이라는 사실을 기억함으로써 크기에 대한 약간의 아이디어를 수집할 수 있을 것이다.

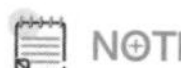

오늘 내가 할 일

오늘 내가 한 일

April
27 모든 사람의 첫 스승은 결국 나 자신이다

18세기 미국의 작가이자 혁명이론가였던 토머스 페인(Thomas Paine)은 자신의 지식 저장고의 원천에 대해 이렇게 설명한다.

"자기 자신의 마음을 관찰하는 것으로 사람의 마음의 진행 상태를 관찰한 사람이라면 생각이라고 불리는 것이 두 가지로 뚜렷하게 구분되는 것을 알 수 있을 것이다. 심사숙고의 결과물이나 행동에 대한 사고를 통해 스스로 만들어내는 생각이 있고 저절로 마음속으로 들어오는 생각이 있다. 나는 자발적으로 나의 마음을 방문하는 생각들을 가능한 정중하게 대접하는 것을 원칙으로 삼고 있다. 물론 그럴 만한 가치가 있을 경우에만 신중하게 살펴본다. 내가 가진 지식의 전부가 그런 생각들로부터 얻은 것이다. 학습하는 사람은 결국 스스로가 선생님이 된다. 학습에 의해 터득한 원칙은 기억에 의해서만 인식되는 것이 아니라 스스로의 이해를 통해 마음속에 자리 잡기 때문이다. 그리고 이해를 통해 인식된 것이 아니라면 결코 오래 지속되지도 않을 것이다."

오늘 내가 할 일

오늘 내가 한 일

April 

28 자연에서 지식을 구하라

인간이 대대로 물려받고 있는 유용한 지식들의 대부분은 대자연의 성서에 보관되고 정확하게 기록된 것들이다. 그 불변의 성서를 한 장씩 넘기다보면 수많은 고난을 거쳐 오늘날의 문명이 만들어졌다는 것을 알 수 있다.

지구의 표면을 덮고 있는 돌 위에 새겨진 지식을 들춰보는 것으로 인간은 이 땅의 생명의 역사를 보여주는 분명한 증거물을 발견할 수 있었다. 인간에게 깨우침과 길잡이를 제공해주기 위해 오랜 세월 동안 대자연의 손으로 그 자리에 심어놓은 뼈와 해골, 발자국과 같은 명백한 증거물 말이다. 자연의 성서에 포함된 돌 위에 새겨진 기록들과 과거의 인간이 했던 모든 생각이 기록된 물도 없는 성서의 페이지들은 창조주와 인간 사이의 의사소통을 위한 진정한 근원이다. 자연의 성서는 인간이 사고의 능력을 갖기 이전부터, 사실상 인간이 단세포 생물인 아메바의 단계에 이르기도 전부터 시작된 것이다.

오늘 내가 할 일

오늘 내가 한 일

April

29

생각은 전이된다

모든 사람의 마음과 두뇌는 우리 주변을 둘러싸고 있는 공간을 매개체로 다른 사람의 두뇌와 연결된다. 한 사람의 머릿속에서 나온 생각은 그 사람과 마음이 맞는 다른 사람에 의해 즉각적으로 포착된다. 나는 화학적 물질 H_2O가 물이라는 사실에 확신을 갖는 것만큼이나 이 사실도 굳게 믿고 있다. 가능하다면 이 원칙이 인생의 모든 단계에서 어떻게 적용되는지 상상해보라.

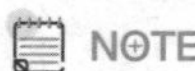

오늘 내가 할 일

오늘 내가 한 일

April 

30

아이디어가 중요하다

중요한 것은 아이디어라는 것을 기억하라. 특별한 지식은 모퉁이만 돌면 찾을 수 있을 것이다. 어떤 모퉁이라도 상관없다.

 NOTE

오늘 내가 할 일

오늘 내가 한 일

꿈은 언제나 그러하듯 상상력에서 태어난다.

IMAGINATION

MAY

5

상상력

May

+

상상하라. 그것이 현실이 될 때까지

인간은 상상하는 것은 무엇이든 만들어낼 수 있는 존재다. 역사를 통틀어 인간이 상상력의 도움을 받아 자연의 힘을 발견하고 그것을 자신들에게 유용하게 사용한 것은 절대 부인할 수 없는 사실이다.

상상력은 두 가지 형태로 기능을 발휘한다. 하나는 인위적 상상력이고, 다른 하나는 창의적 상상력이다. 인위적 상상력은 과거의 생각이나 아이디어 혹은 계획들을 새로운 조합으로 배열하는 일에 사용되지만 무언가를 창조하는 능력은 없다. 그것은 다만 경험이나 교육, 관찰을 통해 전달되는 정보에 의해서 작동할 뿐이며 대부분의 발명가들은 이 능력을 사용한다. 하지만 천재라 불리는 사람들은 인위적 상상력으로 해결할 수 없는 문제에 부딪히면 창의적 상상력을 적용하여 역사를 바꾼다. 비즈니스와 산업, 금융의 위대한 지도자들 그리고 위대한 예술가와 음악가, 시인, 작가들은 자신의 창의적 상상력을 발전시켰기 때문이다.

부를 원한다면 지금 당장 상상력을 사용하여 자신의 열망을 돈으로 바꾸기 위한 계획 수립을 시작해야 한다. 무형의 반복적 생각으로 전달되는 열망을 돈이라는 유형의 현실로 바꾸는 데는 계획이라는 것이 반드시 필요하기 때문이다.

상상력은 우리 마음을 자극하여 새로운 아이디어를 품고 자신의 명확한 중점 목표를 달성하는 데 도움을 줄 새로운 계획을 만들도록 유도한다. 상상력은 이미 잘 알려진 낡은 지식으로부터 새로운 아이디어를 만들어내는 방법을 보여줄 것이며, 오래된 아이디어를 새롭게 사용하는 방법도 보여줄 것이다.

유능한 리더에게 상상력이란 방향을 가르쳐주는 지도자의 역할에 다름없다. 성공을 위해 갖추어야 할 요건들을 만들어가는 과정에서 자기암시의 원리가 적용되는 곳이 바로 상상력의 작업장이기 때문이다.

자신의 상상력 속에서 만들어내고 그것들을 이미 소유하고 있는 자신의 모습을 상상하지 못한다면 인생의 명확한 목표와 자신감, 솔선수범의 자세와 리더십은 절대 가질 수 없을 것이다. 거대한 떡갈나무가 작은 도토리로부터 시작되듯이 당신이 목표로 하는 부 또한 스스로의 상상력 속에서 체계화된 계획으로부터 시작되기 때문이다.

인간의 상상력은 사용하지 않으면 잠시 활동을 하지 않을 수는 있어도 절대 소멸되는 것이 아니다. 지금 당신 안에 잠자고 있는 상상력을 깨워라.

MAY

1

상상하는 건 모두 현실이 될 수 있다

상상력(imagination)은 말 그대로 인간의 계획이 만들어지는 작업장과도 같다. 이곳에서 반복적 사고와 열망이 모양과 형태를 갖추고 상상력의 도움을 받아 행동으로 표현된다.

인간은 상상하는 것은 무엇이든 만들어낼 수 있는 존재다.

 NOTE

오늘 내가 할 일

오늘 내가 한 일

MAY 2

자신의 상상력을 계발하고 사용하라

지난 50년간 인간이 상상력의 도움을 받아 자연의 힘을 발견하고 그것을 자신들에게 유용하게 사용한 것은 그 이전의 인류 문명을 통틀어도 비교할 수 없을 정도다.
인간의 유일한 한계는 자신의 상상력을 계발하고 사용하는 능력에 달려있다. 아직은 상상력을 사용하는 능력의 정점에 이르렀다고 볼 수 없다. 다만 자신이 상상력이라는 능력을 갖고 있다는 사실을 발견했고 매우 원초적인 방법으로 그것을 사용하기 시작한 단계에 이르렀을 뿐이다.

오늘 내가 할 일

오늘 내가 한 일

MAY

3 창의적 상상력을 발휘하라

상상력은 두 가지 형태로 기능을 발휘한다 하나는 인위적 상상력(synthetic imagination)이고, 다른 하나는 창의적 상상력(creative imagination)이다.

인위적 상상력은 과거의 생각이나 아이디어 혹은 계획들을 새로운 조합으로 배열하는 일에 사용되지만 무언가를 창조하는 능력은 없다. 그것은 다만 경험이나 교육, 관찰을 통해 전달되는 정보에 의해서 작동할 뿐이며 대부분의 발명가들은 이 능력을 사용한다.

천재(genius)라 불리는 사람들은 인위적 상상력으로 해결할 수 없는 문제에 부딪히면 창의적 상상력을 적용한다.

오늘 내가 할 일

오늘 내가 한 일

MAY +

4

창의적 상상력의 힘

인간의 유한한 마음이 신성의 지혜와 직접적인 의사소통을 할 수 있는 방법이 바로 창의적 상상력이다. 창의적 상상력은 직감(hunch)과 영감(inspiration)이 마음으로 전달되는 것이다. 창의적 상상력을 통해 모든 기본적 혹은 새로운 아이디어가 인간에게 인도된다. 창의적 상상력은 다른 사람의 마음으로부터 전달되는 생각의 진동이 유입되는 경로이기도 하다. 다른 사람의 잠재의식을 청취(turn in)하거나 의사소통을 할 수 있는 것도 창의적 상상력이 있기 때문이다.

 NOTE

오늘 내가 할 일

오늘 내가 한 일

MAY 

5 강한 열망이 창의적 상상력을 키운다

창의적 상상력은 자동으로 움직인다. 이 능력은 의식이 엄청나게 빠른 속도로 진동할 때만 그 기능을 발휘한다. 예를 들면 강한 열망의 감정으로 의식이 자극을 받을 때에만 작동한다는 말이다.

창의적 상상력은 사용하면 할수록 그것을 강하게 만드는 자극으로부터 진동에 더욱 기민하게 반응하며 더 적극적으로 수용한다.

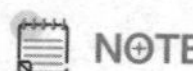

오늘 내가 할 일

오늘 내가 한 일

MAY

6

창의적 상상력이 위대한 인물을 만든다

비즈니스와 산업, 금융의 위대한 지도자들 그리고 위대한 예술가와 음악가, 시인, 작가들은 자신의 창의적 상상력을 발전시켰기 때문에 위대해진 것이다.

인위적 상상력과 창의적 상상력 모두 사용하면 할수록 기민해진다. 우리 몸의 근육과 기관들이 사용하면 할수록 튼튼해지는 것처럼.

오늘 내가 할 일

오늘 내가 한 일

MAY

7 상상력은 사라지는 것이 아니다

열망은 단지 반복적인 생각일 뿐이며 모호하면서도 수명이 짧다. 열망은 얻고자 하는 것의 압축된 형태이며 물리적 대체물로 변하기 전까지는 아무런 가치도 없다. 인위적 상상력이 반복적으로 전달되는 열망을 부로 전환하는 데 가장 빈번하게 사용되는 능력이기는 하지만 창의적 상상력도 사용해야만 하는 상황에 맞닥뜨릴 수 있다는 사실을 염두에 두어야 한다.

상상력을 많이 사용하지 않았기 때문에 매우 약해진 상태일 수도 있다. 하지만 사용하기 시작하면 새로운 활력을 얻고 또 더 기민해질 것이다. 인간의 상상력은 사용하지 않으면 잠시 활동을 하지 않을 수는 있어도 절대 소멸되는 것이 아니다.

오늘 내가 할 일

오늘 내가 한 일

MAY +

8 상상력으로 열망을 구체적 계획으로 전환시켜라

당분간은 인위적 상상력을 기르는 데 집중할 필요가 있다. 열망을 돈으로 바꾸는 과정에서 가장 빈번하게 사용되는 것이 바로 인위적 상상력이기 때문이다. 무형의 반복적 생각으로 전달되는 열망을 돈이라는 유형의 현실로 바꾸는 데는 계획이라는 것이 반드시 필요하다. 이런 계획들은 상상력 중에서도 인위적 상상력에 의해 형성되어야만 한다.

지금 당장 상상력을 사용하여 자신의 열망을 돈으로 바꾸기 위한 계획을 수립하라. 아직 작성해두지 않았다면 그 계획을 간략하게 글로 써두어야 한다. 여기까지 완료하는 순간 무형의 열망에 확고한 형태가 부여되는 것이다. 앞 문장을 큰 소리로 읽어보라. 천천히 소리 내어 읽으면서 자신의 열망과 목표 달성을 위한 계획을 글로 쓰는 과정에서 이미 생각을 물리적 대체물로 변환하는 과정의 첫 단계가 시작되었다는 사실을 기억하라.

오늘 내가 할 일

오늘 내가 한 일

MAY

9

모든 것의 시작은 무형의 에너지다

우리가 살고 있는 지구, 나 자신 그리고 다른 모든 물질은 진화의 결과물이다. 눈에 보이지 않을 정도의 작은 물질이 체계적으로 질서 있게 배열되는 과정을 거친 결과물인 셈이다. 더 나아가 이 지구는 수십억 개의 세포 하나하나 그리고 물질의 원자들은 모두 무형의 에너지로부터 시작된 것이다.

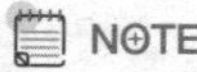

오늘 내가 할 일

오늘 내가 한 일

MAY

10

열망은 곧 자연의 에너지다

열망은 반복적인 생각이다. 반복적인 생각은 에너지의 형태를 띤다. 부를 축적하고자 하는 반복적인 생각, 즉 열망을 품기 시작하면 당신은 자연이 지구와 우주의 삼라만상을 창조할 때 이용했던 바로 그 에너지를 당신의 일에 차용하는 셈이 된다. 삼라만상에는 반복적인 생각에 기능을 부여하는 육체와 두뇌도 포함된다는 사실을 잊지 마라.

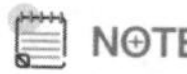

오늘 내가 할 일

오늘 내가 한 일

MAY

11 열망을 자연의 법칙에 적응시켜라

과학이 판단할 수 있는 한 우주 전체는 두 가지 요소로 이루어져 있다. 그것은 물질과 에너지다. 에너지와 물질의 조합을 통해 하늘에 떠 있는 별에서부터 인간 그 자체까지 우리가 인지하는 모든 것이 만들어진 것이다.

이제부터는 대자연이 사용한 방법을 그대로 적용하는 과업을 시작하게 될 것이다. 자신의 열망을 물리적 혹은 금전적 대체물로 바꾸는 노력을 통해 스스로를 자연의 법칙에 적응시키는 진지하고도 정직한 노력이 필요하다. 당신은 할 수 있다. 지금까지 그렇게 해왔지 않은가.

오늘 내가 할 일

오늘 내가 한 일

MAY

12

불변의 성공 법칙에 대해 학습하라

불변의 법칙으로부터 도움을 받는다면 엄청난 부를 축적할 수 있다. 그러나 먼저 불변의 법칙에 대해 익숙해져야 하고 그것의 사용 방법도 배워야 한다. 끊임없는 반복과 상상할 수 있는 모든 방법으로 이 원칙들을 적용하여 성공적인 부의 축적에 숨겨진 비밀을 밝혀내려고 노력해야 한다.

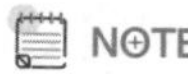

오늘 내가 할 일

오늘 내가 한 일

MAY

13 운으로 쌓아진 부는 절대 없다

신은 언제나 자신이 원하는 것이 무엇인지 정확하게 알고 그것을 얻고자 하는 굳은 의지가 있는 사람과 함께 한다. 만약 당신이 열심히 일하는 것과 정직함만으로 부자가 될 수 있다고 믿는다면 그것은 엄청난 착각이다. 그것은 진실이 아니기 때문이다. 어마어마한 규모의 부는 결코 열심히 일한 결과가 아니다. 만약 그런 부가 찾아온다면 그것은 분명한 원칙의 적용에 근거한 명확한 욕구에 대한 대답일 뿐 우연이나 운으로 얻어진 것이 아니다.

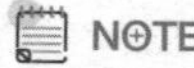

오늘 내가 할 일

오늘 내가 한 일

MAY

14 아이디어를 팔아라

일반적으로 아이디어는 상상력에 호소하여 행동으로 나타날 수 밖에 없도록 만드는 반복적인 생각이다. 유능한 영업사원은 상품을 팔지 못할 수도 있지만 아이디어는 팔 수 있다는 것을 잘 알고 있다.

평범한 영업사원은 이것을 절대 알 수 없을 것이다. 그래서 그들은 평범할 수밖에 없다.

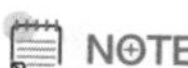

오늘 내가 할 일

오늘 내가 한 일

MAY

15 불타는 열망이 부를 가져다준다

수백만 명의 사람들이 언젠가 자신의 인생에 행운이 찾아오길 희망하며 살아간다.

내 인생의 행운은 앤드류 카네기를 만나고 그의 협력을 얻은 것이었다. 그때 카네기는 내 마음속에 성공 원칙을 성공의 철학으로 체계화하는 아이디어를 심어주었다. 수천 명의 사람이 25년에 걸친 연구 결과를 통해 혜택을 입었고 그 철학을 실제로 적용한 다수의 부자가 탄생하기도 했다. 시작은 매우 단순했다. 누구나 떠올릴 수 있는 아이디어에서 출발한 것이다.

카네기를 통해 나는 행운을 얻었다. 그렇다면 목적을 달성하기 위한 굳은 의지와 명확한 목표, 열망 그리고 25년에 걸친 끈질긴 노력은 무엇인가? 그것은 실망이나 좌절, 일시적 패배, 비평, 끊임없이 일어나는 시간 낭비가 아닐까 하는 생각들을 모두 극복한, 평범한 열망이 아니라 불타는 열망이었다. 나의 집념이었다.

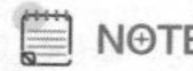

오늘 내가 할 일

오늘 내가 한 일

MAY +

16

아이디어의 힘

카네기에 의해 내 마음속에 심어진 아이디어는 처음에는 구슬리고 달래며 소멸하지 않고 살아남도록 유도해줄 필요가 있었다. 하지만 점차 그 자체로 힘을 가진 거대한 존재가 되었고, 오히려 나를 구슬리고 달래며 앞으로 나아갈 수 있는 원동력이 되어 주었다.

아이디어란 그런 것이다. 처음에는 내가 아이디어에 생명을 주고 활력과 지침을 제공하지만 점차 스스로의 힘으로 존재하며 반대편에 있는 모든 것을 쓸어버린다.

오늘 내가 할 일

오늘 내가 한 일

MAY

17 아이디어는 소멸되지 않는다

아이디어는 무형의 힘이다. 그러나 그것의 모태가 된 두뇌 능력을 능가하는 힘을 보유하고 있다. 아이디어는 자신에게 생명을 준 두뇌가 한 줌의 먼지로 돌아간 이후에도 여전히 생명력을 가진다. 예를 들면 기독교의 힘이 그런 것이다. 기독교는 예수의 두뇌 능력을 통해 태어난 단순한 아이디어였다. 기독교의 주요 교리는 '남에게 대접을 받고자 하는 대로 너희도 남을 대접하라'이다. 예수는 그가 온 곳으로 다시 돌아가고 없지만 그의 아이디어는 행진을 멈추지 않는다.

언젠가 그 아이디어가 자라나 스스로의 힘으로 존재하게 될 것이며 그것은 곧 예수의 깊은 열망이 실현되는 것이다. 예수의 아이디어가 자라온 기간은 이제 겨우 2000년밖에 지나지 않았다. 더 지켜보아야 한다.

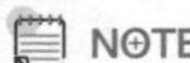

NOTE

오늘 내가 할 일

오늘 내가 한 일

MAY

18 낡은 돌로 새 집 짓기

상상력은 우리 마음을 자극하여 새로운 아이디어를 품고 자신의 명확한 중점 목표를 달성하는 데 도움을 줄 새로운 계획을 만들도록 한다. 말하자면 '낡은 돌로 새집을 짓는 방법'을 가르쳐 주는 것이다. 이미 잘 알려진 낡은 지식으로부터 새로운 아이디어를 만들어내는 방법을 보여줄 것이며 오래된 아이디어를 새롭게 사용하는 방법도 보여줄 것이다. 이 한 가지의 교훈만으로 영업사원을 훈련하는 매우 실질적인 교육 과정이 만들어질 것이다. 그리고 열심히 노력하는 사람을 위한 진정한 지식의 금맥이 될 것이 틀림없다.

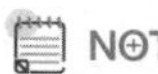

NOTE

오늘 내가 할 일

오늘 내가 한 일

MAY

19

저축의 습관화

저축의 습관을 기르는 것은 자신의 소득에 한계를 정한다는 의미가 아니다. 오히려 정반대의 의미다. 이 원칙을 적용하면 자신의 현재 소득을 체계적인 방법으로 보존할 수 있을 뿐만 아니라 더 나은 기회를 포착할 수 있는 위치에 서게 될 것이며 실제로 자신의 소득을 높일 수 있는 비전과 자신감, 상상력, 열정, 솔선수범의 자세, 리더십 등의 자질을 갖추게 될 것이다.
습관의 법칙을 통달한 후에는 그것을 다른 방법으로 적용해 보라.
그러면 부자가 되기 위한 이 엄청난 게임에서 자신의 성공을 보장받게 될 것이다. '적을 적으로 제압'하면서 말이다.

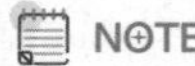

오늘 내가 할 일

오늘 내가 한 일

MAY

20 리더의 조건

모든 리더는 명확한 목표의 법칙, 자신감의 법칙, 솔선수범과 리더십의 법칙을 사용한다. 뛰어난 성공적인 리더라면 상상력과 열정, 자기통제, 유쾌한 성품, 정확한 사고, 집중과 관용의 법칙도 사용할 것이다. 이 모든 법칙을 적절히 혼합하지 않고서는 그 누구도 진정으로 위대한 리더가 될 수 없다. 이 중 하나라도 빠뜨린다면 그만큼 리더의 힘도 줄어드는 것이다.

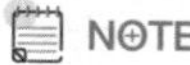

오늘 내가 할 일

오늘 내가 한 일

MAY

21 리더십과 상상력

성공의 관건은 언제나, 그것에 대한 나름의 이해와는 무관하게, 다른 사람이 스스로의 개성을 주장하지 않고 리더를 추종하도록 만드는 능력이었다. 추종자들이 자신의 계획을 받아들이고 충직하게 실행하도록 만드는 성품과 상상력을 보유한 사람은 언제나 유능한 리더다.

리더십과 상상력은 매우 긴밀하게 연관되어 있으며 성공을 위한 필수 요소이기 때문에 둘 중 하나가 없다면 다른 하나도 제대로 적용될 수 없다. 솔선수범은 리더를 더 앞서나가게 만드는 추진력이라 할 수 있고 상상력은 리더에게 방향을 가르쳐주는 지도자의 역할을 하는 것이다.

오늘 내가 할 일

오늘 내가 한 일

MAY

22

결코 실패하지 않는 계획을 세우는 방법

상상력이 가진 장점 중 하나는 아마도 문제점을 조각조각으로 나누어 더 호의적인 조합으로 재구성할 수 있다는 것이다. 전투에서의 승리나 패배는 총알이 난무하는 최전선에서 결정되는 것이 아니라 후방에서 전투를 위한 계획을 세우는 장군이 완벽한 전략을 갖고 있느냐 그렇지 않느냐에 따라 결정된다.

비즈니스에서나 인생을 살아가면서 맞닥뜨리게 되는 모든 문제 상황에서도 마찬가지다. 우리는 각자가 만들고 이행하는 계획의 속성에 따라 승리하기도 하고 패배하기도 한다. 솔선수범과 리더십의 법칙, 상상력의 법칙, 자신감의 법칙 그리고 명확한 중점 목표의 법칙을 강조하는 역할을 담당하는 계획 말이다. 이 네 가지 법칙을 지혜롭게 사용하면 목적이 어떤 것이든 상관없이 절대 실패하지 않는 계획을 세울 수 있을 것이다. 여기에서 말하고 있는 진실로부터 벗어날 수 있는 사람은 아무도 없다.

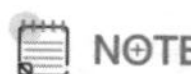

오늘 내가 할 일

오늘 내가 한 일

MAY

23 효율적인 리더십

체계화된 노력은 상상력의 도움으로 고안해내고 명확한 중점 목표가 제시하는 길을 쫓아가며 솔선수범과 자신감으로 추진력을 얻는 계획에 따라 그 방향이 정해진다. 이와 같은 법칙들이 하나로 혼합되면 리더의 수중에 있는 힘으로 바뀐다. 그 법칙들의 도움이 없다면 효율적인 리더십은 불가능하다.

 NOTE

오늘 내가 할 일

오늘 내가 한 일

MAY

24

상상력의 사전적 의미

상상력은 낡은 아이디어와 이미 입증된 기존의 사실들을 새로운 조합으로 만들어내거나 새로운 방법에 적용하는 우리 마음의 작업장이다. 상상력의 사전적 의미는 이렇다.

> '지식 혹은 사고를 분류하여 새롭고 독창적이며 이성적인 체계로 만들어내는 건설적 두뇌 행위. 건설적이며 창의적인 능력을 의미하며 시적인 것, 예술적인 것, 철학적인 것, 과학적이고 윤리적인 모든 상상력을 포함한다. 심상을 만들어낼 수 있는 마음의 힘. 마음속에 떠오르는 이미지나 그림의 형태나 사물 혹은 아이디어를 마음속으로 표현하는 것. 특히 감각을 통해 인지하는 사물과 수학적 사고에 의한 아이디어의 재현. 과거의 기억에 의한 아이디어 혹은 경험을 통한 사실의 회상 등에 비합리적 또는 비정상적인 수정을 가하여 재생산되거나 조립하는 것.'

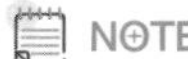

오늘 내가 할 일

오늘 내가 한 일

MAY

25 상상력의 작업장

상상력은 영혼의 창조적 능력으로 일컬어지고 있지만, 그 힘을 우리 삶에 필요한 물질적 혹은 금전적 이익을 획득하는 수단으로 사용하기 위해 성공의 법칙을 공부하는 학습자들의 관점에서 본다면, 그들에게 필요한 것을 제공하기보다는 다소 추상적인 면에 치우치는 것으로 보인다.

이 책에서 제공하고 있는 교훈들을 완벽하게 이해하고 습득했다면 자신의 명확한 중점 목표가 다름 아닌 자신의 상상력 속에서 조합되고 결합된 것임을 알 수 있을 것이다. 또한 자신감과 솔선수범의 태도, 리더십이 현실에서 실현되기에 앞서 자신의 상상력 안에서 길러진다는 것도 알 수 있을 것이다. 성공을 위해 갖추어야 할 요건들을 만들어가는 과정에서 자기암시의 원리가 적용되는 곳이 바로 상상력의 작업장이기 때문이다.

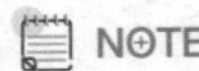

오늘 내가 할 일

오늘 내가 한 일

MAY

26 상상력으로부터 시작하라

자신의 상상력 속에서 만들어내고 그것들을 이미 소유하고 있는 자신의 모습을 상상하지 못한다면 인생의 명확한 목표와 자신감, 솔선수범의 자세와 리더십은 절대 가질 수 없을 것이다.

떡갈나무가 작은 도토리 안에 있는 싹에서 시작하고 알 속에 잠자고 있는 세포가 점점 자라나 하늘을 나는 새가 되듯이 당신의 물질적 성취 또한 스스로의 상상력 속에서 체계화된 계획으로부터 자라나는 것이다. 무엇보다 생각이 먼저다. 그다음이 생각들을 아이디어나 계획으로 체계화하고 그 계획이 현실적인 성취로 변화되는 것이다. 결국 시작은 자신의 상상력이다.

오늘 내가 할 일

오늘 내가 한 일

MAY

27 상상력의 속성

상상력은 해설적인 속성과 창의적인 속성을 동시에 갖고 있다. 사실과 개념, 아이디어를 살펴볼 수도 있고 그것을 새로운 조합과 계획으로 창조할 수도 있다.

상상력의 해설적 속성으로 인해 일반적으로 상상력에 근거한다고 할 수 없는 힘을 갖는데, 그 대표적인 예가 외부에서 발생한 생각의 파장이나 진동을 받아들이는 능력이다. 마치 전파를 수신하는 라디오 장치가 소리의 진동을 포착해내는 것처럼 말이다. 이와 같은 상상력의 해설적 속성이 소위 텔레파시라고 부르는 정신감응이다. 텔레파시는 근거리 혹은 장거리에서 별도의 물리적 혹은 기계적 도구의 사용 없이 한 사람의 생각이 다른 사람의 생각과 소통하는 것을 말한다.

오늘 내가 할 일

오늘 내가 한 일

MAY

28

상상력은 단순한 생각이 아니다

상상력은 흔히 불명확하고 추적할 수 없으며 설명할 수 없고 소설을 쓰는 일 외에는 아무 소용도 없는 것으로 간주되는 경우가 많다. 성공의 법칙을 학습하는 과정에서 이처럼 추상적인 내용을 무엇보다 중요한 필수적인 적으로 만들어 놓은 것도 제대로 인정받지 못했던 이 상상력의 힘이다. 상상력 자체로서 중요한 요소일 뿐만 아니라 다른 무엇보다 흥미로운 내용일 것이다. 자신의 명확한 중점 목표를 달성하기 위해 전진하는 과정에서 이루어지는 모든 행동에 이 힘이 어떻게 영향력을 행사하는지 지켜보기 시작하면 그 흥미로움을 관찰할 수 있을 것이다.

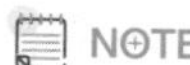

오늘 내가 할 일

오늘 내가 한 일

MAY

29 상상력은 고유한 힘이다

자신이 절대적 통제력을 행사할 수 있는 유일한 대상이 상상력이라는 것을 인지하는 일을 중단함과 동시에 그것이 얼마나 중요한 부분인지 깨닫게 될 것이다.

자신이 가진 물질적 부는 타인에 의해 박탈당할 수도 있고 수천 가지 방법으로 속임수를 당할 수도 있겠지만, 상상력을 통제하거나 사용하는 능력을 빼앗아갈 수 있는 사람은 없다. 사람들이 흔히 그러하듯이 타인이 불공정하게 자신을 대할 수도 있고 자신의 자유를 박탈할 수도 있겠지만 원하는 대로 자신의 상상력을 사용할 수 있는 특권을 박탈할 수 있는 사람은 없을 것이다.

 NOTE

오늘 내가 할 일

오늘 내가 한 일

MAY +

30

상상력을 이해하라

지금 이 순간 가장 중대한 난관은 상상력의 힘을 제대로 이해하지 못하는 것이다. 만약 우리가 그 힘을 제대로 이해하고 있다면 가난이나 좌절, 부당함이나 박해를 일소할 수 있는 무기로 사용할 수 있을 것이기 때문이다. 그것도 한 세대 내에서 말이다.

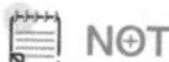

오늘 내가 할 일

오늘 내가 한 일

MAY 31

성공과 실패

성공은 어떤 설명도 필요로 하지 않으며 실패는 어떤 변명도 허락하지 않는다.

NOTE

오늘 내가 할 일

오늘 내가 한 일

+

언젠가 나는 한 번도 접히지 않은 10달러짜리 새 지폐가 동봉된 편지 한 장을 받았다. 그 편지에는 "귀사에 입사하기를 희망합니다. 저를 고용하고 처음 일주일간 지도해주시는 데 동봉한 액수가 보상된다고 판단하신다면 저를 받아들여 주셨으면 합니다. 저는 첫 달에는 보수 없이 일할 것이며, 한 달이 지난 후부터는 제 가치를 평가한 만큼의 보수를 주시면 됩니다. 이 기회를 저는 간절히 바라며 그에 따른 어떠한 희생도 감수하겠습니다. 감사합니다."라고 쓰여 있었다.

당연히 나는 이 청년을 고용했다. 상상력의 힘으로 그는 자신이 원하는 기회를 얻었다. 그리고 첫 달이 채 지나기도 전에 그 이야기를 전해 들은 생명보험회사의 사장이 그를 개인비서로 고용했다. 이후 그 청년은 세계 최대 규모의 보험회사 중역이 되었다.

| 나폴레온 힐 |

실패만 거듭한다면 원인은 단 하나뿐이다. 바로 체계화된 계획이 없다는 것

ORGANIZED PLANNING

June

6

체계화된 계획

June

+

체계화된 계획 없는 부란 존재하지 않는다

토머스 에디슨은 백열등을 발명하기까지 만 번의 실패를 경험했다. 그의 노력이 마침내 성공의 결실을 보기까지 만 번의 일시적 패배와 마주해야 했다는 말이다. 일시적 패배가 의미하는 것은 단 한 가지다. 바로 자신의 계획에 결점이 있다는 것이다. 당신은 그것을 깨달아야 한다.

수백만 명의 사람이 절망과 가난에서 벗어나지 못하는 이유는 그들에게 부의 축적을 목표로 하는 체계화되고 확고한 계획이 없기 때문이다. 역사상 엄청난 부를 쌓아 올린 사람들은 그들이 뛰어난 인간이어서가 아니라 확고한 계획을 적용하고 실천했기 때문이다.

체계화된 확고한 계획보다 더 훌륭한 성취는 없다. 당연한 말처럼 들리겠지만 그것이 진실이다. 이 사실은 아무리 강조해도 지나치지 않는다. 왜냐하면, 실패의 징조가 보이는 즉시 사람들은 너무도 쉽게 자멸을 택하기 때문이다. 제임스 힐은 미국 횡단철도 건설을 위한 자금을 마련하면서 일시적 패배에 부딪혔지만 결국에는 새로운 계획을 통해 실패를 승리로 바꿔놓았다. 헨리 포드 역시 자동차 사업 초창기뿐만 아니라 정상에 오른 이후에도 일시적 패배를 겪었음에도 새로운 계획을 끊임없이 만들어냈고 부의 축적이라는 성공을 향한 행진을 멈추지 않았다. 사람들은 엄청난 부를 축적한 성공한 사람들에게서 눈부신 결과만을 바라본다. 하지만 진정 부를 원한다면 그들이 성공에 도달하기까지 극복해야 했던 일시적 패배들을 더 주의 깊게 살펴야 한다.

부의 축적을 목적으로 한 계획을 이행하는 데 있어 지능적인 계획 수립은 성공의 필수 요건이다. 실제로 성공한 사람이 이룩한 부는 모두 개인의 서비스나 아이디어의 판매에 따른 보상의 형태에서 시작되었다는 것을 염두에 두어야 할 것이다.

이 세상에서 가장 지식이 풍부한 사람이라 할지라도 실질적이며 실현가능한 계획이 없다면 부의 축적에 성공할 수 없다. 뿐만 아니라 다른 어떤 과업도 성공적으로 달성할 수 없다. 계획이 실패했다고 해서 그 일시적 패배가 영원한 실패로 남지 않는다는 것을 기억하라. 그것은 단지 애초부터 계획이 잘못되었다는 것을 방증하는 것인지도 모른다. 또 다른 새로운 계획을 세우면 된다. 이전의 실패를 거울삼아 그리고 자신의 목표를 향해 다시 한번 새롭게 출발해야 한다. 성공에 있어서 항상 명심해야 할 것이 있다. 그만두는 사람은 결코 승자가 될 수 없고 승자는 절대 그만두지 않는다.

실패한 그 시점은 또다른 출발선이다. 처음부터 다시 시작하면 된다.

June

1

부의 실현을 가능하게 하는 계획 수립의 방법

1. 가능한 한 많은 사람들과 연합한다. 마스터 마인드 원리를 십분 활용하는 것이다(이것은 반드시 실행해야 한다. 절대 간과해서는 안 된다).
2. 마스터 마인드 팀을 만들기 전에 그들의 협력을 얻는 대가로 자신이 제공할 수 있는 장점과 혜택이 무엇인지 결정한다. 어떤 형태로든 보상이 주어지지 않는데 무작정 일하는 사람은 없다. 비록 그 보상이 언제나 금전적 보상이어야 하는 것은 아니지만 지능을 가진 사람 중에 적절한 보상의 제공 없이 다른 사람의 협력을 요청하거나 기대하는 사람은 없을 것이다.
3. 부의 축적을 위한 계획을 협력을 통해 완료할 때까지 마스터 마인드팀의 구성원들과 자주 접촉한다.
4. 마스터 마인드 팀의 구성원과 완벽한 조화를 유지한다. 이것을 글자 그대로 정확하게 이행하지 못한다면 실패에 직면할 수도 있다. 마스터 마인드 원리는 완벽한 조화가 지배적인 환경이 아니라면 성공적으로 적용될 수 없다.

오늘 내가 할 일

오늘 내가 한 일

June 

2 성공을 위한 기본단계

다음의 사실을 염두에 두어라.

첫째, 당신은 지금 자신에게 매우 중대한 과업을 수행하고 있다. 성공을 확신할 수 있으려면 완전무결한 계획이 반드시 필요하다.

둘째, 경험과 교육, 타고난 재능 그리고 다른 사람의 마음을 상상하는 능력으로부터 득을 보아야 한다. 이것은 이미 엄청난 부를 축적하는 데 성공한 모든 사람이 사용했던 방법과도 일치한다.

오늘 내가 할 일

오늘 내가 한 일

June

3

마스터 마인드 팀 구성하기

마스터 마인드 팀의 구성원을 선택할 때 실패를 대수롭지 않게 생각하는 사람을 선택하도록 노력해야 한다.

다른 사람으로부터의 협력 없이 엄청난 부의 축적을 확신할 수 있는 충분한 경험이나 교육, 타고난 재능이나 지식을 모두 보유한 개인은 없다.

부의 축적을 위한 모든 계획은 자신을 비롯한 마스터 마인드 팀 전체의 공동 창조물이어야 한다. 전체가 됐든 부분이 됐든 혼자만의 계획이 초안이 될 수는 있을 것이다. 하지만 그런 계획은 팀 구성원에 의해 검토되고 승인되어야만 한다.

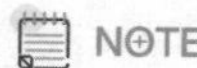

오늘 내가 할 일

오늘 내가 한 일

June

4

끊임없이 새로운 계획을 세워라

최초의 계획이 성공적으로 이행되지 못했다면 새로운 계획으로 대체하라. 만약 새로운 계획도 실패했다면 또 다른 새로운 계획으로 대체하라. 성공적으로 이행되는 계획이 있을 때까지 끊임없이 시도하는 것이다. 대부분의 사람이 실패를 경험하는 이유도 바로 여기에 있다. 실패한 계획을 대체할 수 있는 새로운 계획을 끊임없이 만들어 낼 수 있는 끈기가 부족하기 때문이다.

이 세상에서 가장 지식이 풍부한 사람이라 할지라도 실질적이며 실현 가능한 계획이 없다면 부의 축적에 성공할 수 없다. 뿐만 아니라 다른 어떤 과업도 성공적으로 달성할 수 없다. 이 사실을 염두에 두고 계획이 실패했다고 해서 그 일시적 패배가 영원한 실패로 남지 않는다는 것도 기억해두라. 그것은 단지 계획이 부실했다는 의미일 수도 있지 않은가. 또 다른 새로운 계획을 세우면 그만이다. 처음부터 다시 시작하는 것이다.

오늘 내가 할 일

오늘 내가 한 일

June 

5

실패한 데에는 실패한 이유가 반드시 있다

토머스 에디슨은 백열등을 발명하기까지 만 번의 실패를 경험했다. 그의 노력이 마침내 성공의 결실을 보기까지 만 번의 일시적 패배(temporary defeat)와 마주해야 했다는 말이다.
일시적 패배가 의미하는 것은 단 한 가지다. 바로 자신의 계획에 결점이 있다는 확실한 인지가 그것이다. 수백만 명의 사람들이 절망과 가난에서 벗어나지 못하는 이유는 그들에게 부의 축적을 목표로 하는 확고한 계획이 없기 때문이다.
헨리 포드가 부자가 된 이유는 그가 뛰어난 인간이기 때문이 아니라 확고한 계획을 적용하고 실천했기 때문이다. 포드보다 우수한 교육을 받은 사람을 꼽으라면 수천 명이 있겠지만, 그들이 하나같이 궁핍한 삶을 살아가는 이유는 부의 축적을 위한 적절한 계획이 없었기 때문이다.

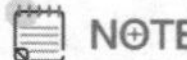

오늘 내가 할 일

오늘 내가 한 일

June
6 확고한 계획을 수립하라

확고한 계획보다 더 훌륭한 성취는 없다. 그것이 진실이다. 스스로 포기하기 전까지는 그 누구도 패배자로 낙인찍히지 않는다.
이 사실은 수없이 반복될 것이다. 왜냐하면 실패의 징조가 보이는 즉시 자멸하는 것이 너무나 쉽기 때문이다.
제임스 힐(James J. Hill)은 미국 횡단철도 건설을 위한 자금을 마련하면서 일시적 패배에 부딪혔지만, 결국에는 새로운 계획을 통해 실패를 승리로 바꿔놓았다.
헨리 포드는 자동차 사업 초창기뿐만 아니라 정상에 오른 이후에도 일시적 패배를 겪었음에도 새로운 계획을 끊임없이 만들어냈고 부의 축적이라는 성공을 향한 행진을 멈추지 않았다.
우리는 엄청난 부를 축적한 성공한 사람들을 본다. 하지만 그들이 거머쥔 승리만 볼뿐 그들이 성공에 도달하기까지 극복해야 했던 일시적 패배들은 간과하고 있다.

오늘 내가 할 일

오늘 내가 한 일

June
7

중간에 그만두면 승리하지 못한다

성공의 철학을 추종하는 사람이라면 일시적 패배를 경험하지 않고 부의 축적을 기대하는 비합리적 사고는 하지 않을 것이다.

패배에 직면했다면 자신의 계획에 결점이 있다고 받아들이고 새로운 계획을 세워야 한다. 그리고 자신의 목표를 향해 다시 한번 새롭게 출발하는 것이다. 목표에 도달하기 전에 포기한다면 당신은 그만두는 사람(quitter)에 지나지 않는다.

> 그만두는 사람은 결코 승자가 될 수 없고 승자는 절대 그만두지 않는다.

이 격언을 종이에 적어두어라. 그것도 아주 잘 보이도록 큼지막하게 적어라. 그리고 매일 밤 잠들기 전에, 아침 출근하기 전에 볼 수 있는 곳에 붙여두어라.

NOTE

오늘 내가 할 일

오늘 내가 한 일

June

8

성공의 필수요건

어떤 사람들은 어리석게도 오직 돈이 돈을 벌 수 있다고 믿는다. 그것은 진실이 아니다. 여기에서 제시하는 성공 원칙을 통해 금전적 대체물로 변환된 열망이야말로 돈이 돈을 벌게 만드는 매개체다. 돈이란 그 자체만으로는 타성적인 사물에 지나지 않는다. 움직일 수도, 생각할 수도, 말할 수도 없는 사물에 불과하다. 그러나 그것은 열망을 가진 사람이 부르는 소리를 들을 수 있다.

부의 축적을 목적으로 한 계획을 이행하는 데 있어 지능적인 계획 수립은 성공의 필수 요건이다. 실제로 성공한 사람이 이룩한 부는 모두 개인의 서비스나 아이디어의 판매에 따른 보상의 형태에서 시작되었다는 것을 염두에 두어야 할 것이다. 아이디어나 개인의 서비스가 아니라면, 과연 자신이 보유한 자산 중에 부자가 되는 대가로 지불할 만한 것은 무엇이 있겠는가?

오늘 내가 할 일

오늘 내가 한 일

June

9

리더와 추종자의 차이

넓은 의미에서 본다면 세상에는 두 가지 유형의 사람이 있다. 하나는 리더(leader), 다른 하나는 추종자(follower)이다. 시작할 때부터 리더가 될 것인지 추종자로 남을 것인지 결정해야 한다. 그 보상의 차이는 실로 엄청나기 때문이다. 추종자들이 리더로부터 주어지는 보상을 기대한다면 그것은 비합리적인 것이다. 비록 수많은 추종자가 그것을 기대하는 우를 범하고 있기는 하지만 말이다.

추종자가 되는 것이 불명예스러운 것은 아니다. 반면 언제까지나 추종자로 남는다는 보장도 없다. 대부분의 훌륭한 리더들은 추종자의 위치에서 시작했기 때문이다. 그들이 훌륭한 리더가 된 것은 그들이 영리한 추종자들이었기 때문이다. 몇몇 예외적인 경우를 제외하고 영리한 추종자가 되지 못하는 사람은 효율적인 리더가 될 수 없다. 가장 효율적인 추종자가 가장 신속하게 리더십을 발전시켜 나가는 사람이 될 확률이 높다. 영리한 추종자에게는 많은 이점이 있다. 그 중 하나가 리더로부터 지식을 습득할 수 있는 기회다.

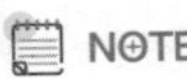

오늘 내가 할 일

오늘 내가 한 일

June

10

리더십의 중요한 요소

1. 자기 자신 그리고 자기의 직업에 대한 지식에 근거한 흔들리지 않는 용기
2. 자기통제력
3. 정의감
4. 결단력
5. 계획의 명확성
6. 보수에 비해 더 많은 일을 하는 습관
7. 유쾌한 성품
8. 공감과 이해
9. 세부 사항에 대한 숙련
10. 모든 책임을 기꺼이 감수하는 마음의 자세
11. 협력

오늘 내가 할 일

오늘 내가 한 일

June

11

리더십의 형태

리더십에는 두 가지 형태가 있다.

첫째, 추종자들의 합의와 동의에 의한 리더십으로 가장 효과적인 리더십의 형태다. 둘째, 추종자들의 합의나 동의가 없는 힘에 의한 리더십이다.

힘에 의한 리더십은 결코 오래 지속되지 않는다는 것을 역사가 말해주고 있다. 독재자의 몰락과 소멸에는 중요한 의미가 있다. 사람들은 힘에 의한 리더십을 무한정 추종하지 않는다는 것이다.

힘에 의한 리더십을 지향하는 구세대들에게는 새로운 리더십의 가치, 즉 협력에 대한 이해가 반드시 필요할 것이다. 그렇지 않으면 추종자의 위치로 강등되어야 한다. 그것 외에는 그들을 위한 다른 해결책이 없다.

추종자들의 합의에 따른 리더십만이 오랫동안 지속될 수 있다.

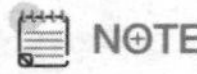

오늘 내가 할 일

오늘 내가 한 일

June
12

실패한 리더십의 10가지 주요 원인

이제 실패한 리더들의 주요 실패 원인을 살펴보고자 한다. 해야 할 것이 무엇인지 아는 것만큼 하지 말아야 할 것을 아는 일도 반드시 필요하기 때문이다.

1. 세부 사항을 체계화할 수 없는 무능력. 효율적인 리더십은 세부사항을 체계화하고 완전히 숙지할 수 있는 능력을 필요로 한다. 유능한 리더 중에 리더의 역량으로 자신에게 요구되는 일을 할 수 없을 정도로 바쁜 리더는 없다. 리더이건 추종자이건 자신의 계획을 수정하는 데 혹은 비상사태에 관심을 기울일 시간이 없다면 그것은 곧 자신의 비효율성을 인정하는 것과 다르지 않다. 성공한 리더는 자신의 위치에 연관된 세부사항을 완전히 숙지해야만 한다. 여기에는 역량 있는 보좌관들에게 세부사항을 위임하는 습관이 필요하다는 의미도 포함된다.

오늘 내가 할 일

오늘 내가 한 일

June

13

실패한 리더십의 10가지 주요 원인 (계속)

2. 보잘것없는 서비스 제공을 꺼리는 마음. 진정 훌륭한 리더는 상황에 따라 어떤 종류의 노동도 기꺼이 수행한다. 평소에는 다른 사람에게 시켰을 법한 노동이라도 말이다. '가장 위대한 사람은 모든 사람의 하인이다.'라는 말은 모든 유능한 리더들이 새겨들어야 할 진실이다.

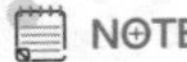

오늘 내가 할 일

오늘 내가 한 일

June

14

실패한 리더십의 10가지 주요 원인 (계속)

3. 자신의 지식을 통해 자신이 할 수 있는 일에 대한 보상으로서가 아니라 자신이 알고 있는 것에 대한 보상을 기대하는 것. 단순히 알고 있는 것에 대해 보상이 주어지지는 않는다. 자신이 하는 일 혹은 다른 사람이 하도록 만드는 일에 대해 보상이 주어질 뿐이다.

오늘 내가 할 일

오늘 내가 한 일

June

15 실패한 리더십의 10가지 주요 원인 (계속)

4. 추종자들과의 경쟁에 대한 두려움. 자신의 추종자 중 한 명이 언젠가 자신의 자리를 차지할지도 모른다는 두려움을 가진 리더는 그 두려움이 현실로 나타날 것을 확신해도 좋다. 유능한 리더는 자신의 지위를 넘겨줄 수 있는 후임자를 자발적으로 양성한다. 이것이 리더가 자신을 복제하고 동시에 각기 다른 장소에 있으면서 많은 일을 동시에 처리할 수 있는 유일한 방법이다. 혼자만의 노력으로 벌어들일 수 있는 수입보다 다른 사람에게 일을 시킬 수 있는 능력으로 얻을 수 있는 수입이 훨씬 더 높다는 것은 불변의 진리다. 효율적인 리더는 자신이 가진 직업적 지식과 다른 사람을 끌어들이는 성품을 통해 다른 사람의 효율성을 엄청나게 향상시키며 그들 스스로 할 때보다 더 많은, 더 나은 서비스를 제공할 수 있도록 유도한다.

NOTE

오늘 내가 할 일

오늘 내가 한 일

June

16

실패한 리더십의 10가지 주요 원인 (계속)

5. 상상력의 부족. 상상력이 없다면 비상사태에 직면했을 때 해결할 수 있는 능력이 없는 리더이며 추종자들을 효율적으로 이끌어갈 수 있는 계획 수립의 능력이 없는 리더다.

오늘 내가 할 일

오늘 내가 한 일

June

17

실패한 리더십의 10가지 주요 원인 (계속)

6. 이기주의. 추종자들의 성과가 모두 자신의 명예라고 주장하는 리더는 반드시 추종자들의 분노에 직면하게 된다. 훌륭한 리더는 어떤 명예도 자신의 것이라 주장하지 않는다. 그는 어떤 것이든 추종자들에게 명예가 돌아가는 것을 지켜보는 것에 만족한다. 왜냐하면, 훌륭한 리더는 대부분의 추종자가 단순히 돈을 위해서 일할 때보다 칭찬과 인정을 받을 때 더 열심히 일한다는 것을 잘 알고 있기 때문이다.

NOTE

오늘 내가 할 일

오늘 내가 한 일

June

18

실패한 리더십의 10가지 주요 원인
(계속)

7. 무절제. 추종자들은 무절제한 리더를 존경하지 않는다. 더구나 다양한 형태로 나타나는 무절제는 그것을 탐닉하는 사람 자신의 인내력과 생명력을 파괴한다.

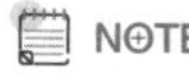

오늘 내가 할 일

오늘 내가 한 일

June

19 실패한 리더십의 10가지 주요 원인 (계속)

8. 충성심의 부재. 어쩌면 10가지 주요 원인 중 가장 중요한 원인일지도 모른다. 자신의 믿음과 자신의 동료들 그리고 자신보다 높은 지위의 사람들이나 낮은 지위에 있는 사람들에 대해 충성스럽지 못한 리더는 그 자리에서 오래 살아남을 수 없다. 충성심이 없다면 먼지만도 못한 존재라는 평가를 받게 되고 그에 상응하는 경멸과 치욕을 유발하게 될 것이다. 충성심의 부재는 모든 인생 여정에서 실패를 경험하는 가장 중요한 원인이다.

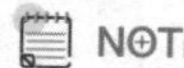

오늘 내가 할 일

오늘 내가 한 일

June

20

실패한 리더십의 10가지 주요 원인
(계속)

9. 리더십의 권위를 강조하는 것. 효율적인 리더는 추종자들의 마음속에 두려움을 주입하는 것이 아니라 그들을 격려하는 방법을 사용한다. 자신의 권위(authority)를 추종자들에게 각인시키고자 노력하는 리더는 힘에 의한 리더십 범주에 속한다. 진정한 리더라면 자신의 행동으로 입증하는 것 외에 굳이 떠벌리고 다닐 필요가 없을 것이다. 추종자들에 대한 연민과 이해, 공정함 그리고 자신이 할 일이 무엇인지 분명히 보여주는 행동들 말이다.

오늘 내가 할 일

오늘 내가 한 일

June

21

실패한 리더십의 10가지 주요 원인 (계속)

10. 지위를 강조하는 것. 경쟁력을 갖춘 리더는 추종자들의 존경을 얻기 위해 지위를 필요로 하지 않는다. 자신의 지위에 지나치게 의존하는 리더는 일반적으로 그 외에 강조할 만한 다른 것을 갖고 있지 않다. 진정한 리더가 되는 길은 리더가 되고 싶은 모든 사람에게 열려 있으며 진정한 리더의 역량은 형식이나 겉치레와는 거리가 멀다.

이런 것들이 실패한 리더십의 가장 일반적인 원인이다. 이 중 어느 한 가지만으로도 실패를 유도하기에 충분할 것이다. 리더십에 대한 열망을 품고 있다면 실패의 원인을 면밀히 검토하고 그런 실수를 범하지 않도록 하라.

오늘 내가 할 일

오늘 내가 한 일

June +

22 자신이 원하는 것을 정확하게 결정하라

누구나 자신이 가장 잘하는 일을 할 때 즐거움을 느낀다. 예술가는 그림 그리는 일을 좋아하고 공예가는 손으로 하는 일을 좋아하며 작가는 글 쓰는 일을 좋아한다. 명확한 재능이 부족한 사람들은 비즈니스와 산업의 특정 분야에서 자신에게 맞는 일을 찾을 수 있다. 미국이라는 나라의 장점을 꼽는다면 그것은 어떤 것이든 직업으로 삼을 수 있는 기회가 주어진다는 것이다. 자신이 원하는 일이 정확하게 무엇인지 결정하라. 그 일이 기존에 존재하지 않던 것이라면 새롭게 만들어나가면 된다고 생각해라.

성공으로 향하는 사다리를 오르기 시작했거나 이미 오르고 있는 사람은 의도적이고 신중한 계획 수립을 통해 이미 자신이 진정으로 원하는 것이 무엇인지 결정한 사람들이다.

오늘 내가 할 일

오늘 내가 한 일

June

23 변화를 빠르게 받아들여라

자신이 제공하는 서비스를 판매하려는 사람이라면 고용인과 피고용인의 관계에 연관된 놀랄 만한 변호를 반드시 인지해야 한다.

앞으로 상품이나 서비스를 판매하는 일에 황금의 법칙(rule of gold)이 아닌 황금률(golden rule)이 지배적인 요인이 될 것이기 때문이다. 미래의 고용인과 피고용인 관계는 다음과 같은 요소들로 이루어진 협력관계의 속성을 가질 것이다.

1. 고용인
2. 피고용인
3. 고용인과 피고용인이 서비스를 제공하는 대중

미래의 진정한 고용인은 대중이 될 것이다. 자신의 개인적인 서비스를 효율적으로 판매하고자 하는 사람이라면 이 사실을 가장 중요하게 새겨두어야 한다.

NOTE

오늘 내가 할 일

오늘 내가 한 일

June

24

제대로 된 서비스를 제공하라

오늘날 이루어지는 모든 상업적 거래에서 예의와 서비스는 암호와도 같다. 그리고 이것은 고용인보다는 자신의 개인적 서비스를 판매하고자 하는 사람에게 더욱 직접적으로 적용되는 말이다.

최종적으로 분석하자면 고용인과 피고용인은 모두 그들의 서비스 제공 대상인 대중에 의해 고용된 것이나 마찬가지이기 때문이다. 제대로 된 서비스를 제공하지 못하는 대가는 서비스 제공 기회의 상실이다.

오늘 내가 할 일

오늘 내가 한 일

June 

25 원인 없이 일어나는 일은 없다

죄의 삯은 사망이다.

많은 사람이 이 성경 구절을 읽었을 것이다. 하지만 그 의미를 깨달은 사람은 소수에 불과하다. 과거 수년 동안 그리고 현재까지도 우리는 '심은 대로 거두리라'라는 설교를 들어왔다.

세계적 경제 대공황이 우연의 일치일 가능성이 있다는 것만큼이나 만연하고 효과적인 것은 없었다. 경제 대공황에는 분명 원인이 있었다. 원인 없이 일어나는 일은 없다. 대체로 경제 대공황의 원인은 전 세계적으로 만연해 있던 뿌리지도 않고 거두려 했던 습관으로 귀결된다.

비즈니스와 금융, 운송 분야를 지배하는 원인과 결과의 법칙이 있다면 그와 똑같은 법칙이 개인에게도 적용될 것이며 그것이 개인의 경제 상황을 결정할 것이다.

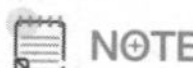

오늘 내가 할 일

오늘 내가 한 일

June

26 우리는 누구나 자신의 서비스를 판매하는 영업사원이다

서비스를 효과적이고 지속적으로 판매하는 일에 있어 성공의 원인은 명백히 설명되었다. 그 원인에 대한 연구와 분석, 이해와 적용 없이는 그 누구도 자신의 서비스를 효과적이고 지속적으로 판매할 수 없다. 사람은 누구나 자신의 개인적 서비스를 판매하는 영업사원이다. 제공하는 서비스의 질과 양 그리고 그 안에 포함된 정신은 개인의 연봉과 고용 기간의 상당 부분을 결정하는 요인이다. 개인적 서비스를 효과적으로 판매하기 위해, 다시 말해 유쾌한 분위기 속에서 지속적인 시장과 만족스러운 가격을 확보하기 위해서는 QQS 공식을 적용하고 그대로 실천해야 한다.

QQS 공식이란 '질(Quality)+양(Quantity)+적절한 협력 정신(Spirit)=서비스를 제공하는 완벽한 영업사원의 정신'이라는 의미다. QQS 공식을 기억하라. 기억하는 데 그치지 말고 습관으로 만들어라.

오늘 내가 할 일

오늘 내가 한 일

June 

27 QQS 공식

1. 서비스의 질은 자신의 지위와 연관된 세부사항을 최대의 효율성을 목표로 가능한 한 가장 효율적인 방법으로 수행한다는 의미로 해석할 수 있다.
2. 서비스의 양은 연습과 경험을 통해 기술의 향상을 도모하는 동시에 양적 증가를 목표로 하며 언제라도 가능한 모든 서비스를 제공하는 습관의 의미로 해석할 수 있다. 여기에서도 마찬가지로 강조되어야 할 부분은 그것이 습관이라는 점이다.
3. 서비스의 정신은 동의할 수 있고 조화를 이룰 수 있는 습관적 행동의 의미로 해석할 수 있다. 그것은 다른 협력자나 동료들이 나와 협력할 수 있도록 유도할 것이다.

서비스의 질과 양만으로는 지속적인 시장을 유지하기에 충분치 않다. 서비스를 전달하는 행위 또는 정신이 제공되는 서비스의 가격과 고용 기간을 결정짓는 강력한 요인이 된다.

 NOTE

오늘 내가 할 일

오늘 내가 한 일

June

28

유쾌한 성품의 중요성

유쾌한 성품의 중요성은 서비스를 제공할 때 그에 적합한 정신을 갖출 수 있도록 만들어주는 요인이라는 점에서 강조되어 왔다. 다른 사람을 유쾌하게 만드는 성품을 갖고 있다면 그 사람은 조화의 정신으로 서비스를 제공하는 것이다. 이와 같은 자산은 질적 그리고 양적 서비스가 부족한 것을 대체해주는 경우가 많다. 그러나 유쾌한 품행을 완벽하게 대체할 수 있는 것은 아무것도 없다.

오늘 내가 할 일

오늘 내가 한 일

June 

29

상호협력 관계를 형성하라

자신이 제공할 수 있는 서비스가 수입의 유일한 원천이라면 그 사람은 생필품을 파는 상인과 다름없으며 상품을 판매하는 상인의 행동 규범을 준수해야 한다.

여기에서 이 점을 강조하는 이유는 자신의 서비스를 판매하는 일을 생계 수단으로 삼는 사람들 대부분이 자신은 생필품을 파는 상인의 행동 규범과 의무로부터 벗어난다고 생각하는 실수를 범하고 있기 때문이다.

실제로 마케팅 서비스의 새로운 방법은 고용인과 피고용인 양쪽이 상호 협력 관계를 형성하도록 영향력을 행사하고 있다. 이제는 양쪽 모두 제3자의 권리, 즉 서비스의 제공 대상인 대중의 권리를 고려하지 않을 수 없게 되었다.

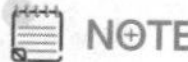

오늘 내가 할 일

오늘 내가 한 일

June

30 돈과 효율적인 두뇌활동을 결합하라

기어이 목적을 달성하고야 마는 사람(go-getter)의 시대는 이제 과거가 되었다. 지금은 아낌없이 주는 사람(go-giver)의 시대다. 비즈니스에서 압박을 가해 목적을 달성하게 만드는 방법은 마침내 그 생명을 다한 것이다.

두뇌 활동의 실질적인 자산 가치는 개인이 벌어들이는 수입의 액수에 따라 결정될지도 모른다. 자신의 서비스를 판매하여 벌어들이는 수입 말이다. 돈의 가치가 인간의 두뇌활동보다 더 높지 않으며 오히려 그보다 훨씬 낮을 때가 많다. 효과적으로 판매되기만 한다면 경쟁력을 갖춘 두뇌활동은 일반적 의미의 비즈니스 활동에 필요한 것보다 훨씬 가치 있는 자산이 될 수 있다. 두뇌활동은 영원히 감가상각될 수 없는 자산이며 유실되거나 소모될 수도 없는 자산이기 때문이다. 더구나 비즈니스 활동에 반드시 필요한 것이 돈이지만 그것이 효율적인 두뇌활동과 결합하기 전까지는 모래 언덕만큼이나 무의미한 것도 돈이다.

오늘 내가 할 일

오늘 내가 한 일

우물쭈물하고 미루고 아무것도 결정하지 마라. 의미 없이 살아가고 싶다면.

DECISION

July

7

결단력

July

+

확신이 있다면 신속하게 결정하고 용기 있게 실행하라

일반적으로 자신이 필요로 하는 만큼의 부를 축적하는 데 실패한 사람들의 대다수가 다른 사람의 의견에 쉽게 영향을 받는다. 이는 실패를 경험한 2만 5,000명도 넘는 사람들에 대한 정확한 분석을 통해 결단력의 부재가 실패의 30가지 주요 원인 중에서도 가장 많은 사례를 차지한다는 사실에서도 알 수 있다. 이것은 단순히 이론적 진술에 그치는 것이 아니라 명확한 사실이다. 즉 부의 축적에 실패한 사람들은 예외 없이 더딘 의사결정 습관을 갖고 있었다.

다른 사람의 의견으로부터 영향을 받는 사람은 자신의 열망이 없는 사람이다. 성공의 법칙을 실행으로 옮길 때는 자신의 결단력을 믿고 주저 없이 실행해야 한다. 당신은 스스로 생각할 수 있는 두뇌활동 능력을 보유하고 있다. 그것을 사용해야 한다. 그리고 스스로 의사결정을 내려야 한다.

어설프고 겉치레에 불과한 지식을 가진 사람의 특징은 자신이 엄청난 지식을 갖고 있다는 인상을 심어주기 위해 노력한다는 것이다. 그런 사람은 대개 말이 많고 다른 사람의 말을 경청하는 법이 없다. 신속한 의사결정 습관을 갖고 싶다면 입은 다물고 눈과 귀는 활짝 열어두어야 한다. 진정한 지혜는 대개 겸손과 침묵을 통해 두각을 나타내는 법이다.

즉각적이고 명확한 의사결정 능력을 가진 사람은 자신이 원하는 것이 무엇인지 알고 있으며 일반적으로 그것을 성취한다. 인생의 여정에서 만나게 되는 모든 리더는 신속하고 단호한 결단력의 소유자들이다. 결단에 있어서 또 하나 필요한 요소는 바로 자신감이다.

많은 사람이 결단을 내리지 못하는 불안한 마음으로 인해 실패로 내몰린다. 결단력이 있는 사람은 시간이 얼마나 오래 걸리든 그 과정이 얼마나 힘겹던 상관없이 자신이 원하는 것을 이루어내고야 만다. 결단력이 있는 사람은 도중에 절대 중단하지 않는다. 반대로 우유부단한 사람은 결코 시작하지 못한다.

오늘 마음을 정했다가 내일 당장 마음을 바꾸는 사람이라면 실패를 피할 수 없다. 어느 방향으로 발걸음을 떼어놓아야 할지 확신할 수 없다면 차라리 눈을 감고 어둠 속에서 한 발자국을 내딛는 것이 그 자리에 가만히 서서 움직이지 않는 것보다는 훨씬 낫다. 실수는 용서받을 수 있지만, 결단을 내리지 못하는 것은 용서받을 수 없다.

지금, 당신은 결단을 내렸는가.

July

1

결단력이 없으면 실패한다

실패를 경험한 2만 5,000명도 넘는 사람들에 대한 정확한 분석을 통해 발견한 사실은 결단력(decision)의 부재가 실패의 30가지 주요 원인 중에서도 가장 많은 사례를 차지한다는 것이다. 단순히 이론적 진술에 그치는 것이 아니다. 이것은 명확한 사실이다.

결단력의 반대말인 미루는 버릇(procrastination)은 사실상 모두가 정복해야 할 공동의 적과도 같다.

이 책을 다 읽을 때쯤이면 자신의 신속하고도 명확한 결단력을 시험해볼 기회가 주어질 것이다. 그리고 성공의 법칙을 행동으로 옮길 준비도 갖추게 될 것이다.

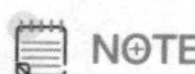

오늘 내가 할 일

오늘 내가 한 일

July
2

신속한 의사결정 습관을 길러라

수백만 달러의 부를 축적한 수백 명을 분석한 결과, 그들은 하나같이 신속한 의사결정 습관을 갖고 있었을 뿐만 아니라 필요한 시기에 서서히 그 변화를 적용하는 습관을 지닌 사람들이라는 사실을 알 수 있었다. 부의 축적에 실패한 사람들은 예외 없이 더딘 의사결정 습관을 갖고 있었다. 그리고 의사결정으로 인한 변화는 너무나 신속하고도 빈번하다.

 NOTE

오늘 내가 할 일

오늘 내가 한 일

July 

3 타인의 의견에 쉽게 영향 받지 마라

일반적으로 자신이 필요로 하는 만큼의 부를 축적하는 데 실패한 사람들의 대다수가 다른 사람의 의견에 쉽게 영향을 받는다. 그들은 신문이나 주변의 수다쟁이들이 자신들을 대신해 생각하도록 내버려 둔다. 의견은 이 세상에서 가장 쓸모없는 소모품이다. 우리는 누군가가 받아들이기만 한다면 그 사람에게 영향을 미칠 태세를 갖춘 수많은 의견을 갖고 있다. 만약 당신의 의사결정 과정에 의견이 영향을 미친다면 당신은 어떤 과업도 성공적으로 수행할 수 없음은 말할 것도 없으며 자신의 열망을 돈으로 바꾸는 일도 성공하지 못할 것이다.

 NOTE

오늘 내가 할 일

오늘 내가 한 일

July 

4

자신의 결단력을 믿고 주저 없이 실행하라

다른 사람의 의견으로부터 영향을 받는 사람은 자신의 열망이 없는 사람이다.

이 책에서 제시한 성공의 법칙을 실행으로 옮길 때는 자신의 결단력을 믿고 주저 없이 실행해야 한다. 자신의 마스터 마인드 팀 구성원이 아닌 어느 누구도 신뢰해서는 안 된다. 그리고 마스터 마인드 팀을 구성할 때는 반드시 자신의 목적과 완벽히 공감하며 조화를 이룰 수 있는 사람을 선택해야 한다.

 NOTE

오늘 내가 할 일

오늘 내가 한 일

July 

5

열등감에 사로잡히지 마라

의도하지는 않았지만 가까운 친구나 친척이 내는 의견이나 경우에 따라서는 우스갯소리로 하는 조롱으로 인해 종종 불이익을 초래하는 경우가 있다. 수천 명의 사람이 평생 열등감에 시달리며 살아가는 것이 사실이다. 비록 나쁜 의도는 없지만, 무지하기 그지없는 누군가가 비판이나 조롱으로 자신감을 박살 내버렸기 때문이다.

 NOTE

오늘 내가 할 일

오늘 내가 한 일

July
6

필요한 사실과 정보를 조용히 획득하라

당신은 스스로 생각할 수 있는 두뇌활동 능력을 보유하고 있다. 그것을 사용하라. 그리고 스스로 의사결정을 내려야 한다. 의사결정에 다른 사람이 제공하는 사실이나 정보가 필요한 상황을 마주하는 일이 매우 많을 것이다. 그때는 필요한 사실과 정보를 자신의 목적을 드러내지 않으면서 조용히 획득하도록 하라.

오늘 내가 할 일

오늘 내가 한 일

July

7

진정한 지혜는 겸손과 침묵 속에서 드러난다

어설프고 겉치레에 불과한 지식을 가진 사람의 특징은, 자신이 엄청난 지식을 갖고 있다는 인상을 심어주기 위해 노력한다는 것이다. 그런 사람은 대개 말이 많고 다른 사람의 말을 경청하는 법이 없다. 신속한 의사결정 습관을 갖고 싶다면 입은 다물고 눈과 귀는 활짝 열어두어야 한다. 말이 많은 사람은 다른 일을 할 시간이 없을 것이다. 듣는 것보다 말을 많이 한다면 유용한 지식을 축적할 기회를 스스로 박탈할 뿐만 아니라 자신을 좌절시키는 일에 크나큰 즐거움을 느낄 사람들 앞에 자신의 계획과 목적을 고스란히 드러내는 결과를 초래할 것이다. 그들이 당신의 좌절로부터 즐거움을 얻는 이유는 당신을 시기하기 때문이다.

또 한 가지 기억해야 할 것은 지식이 풍부한 사람 앞에서 내뱉는 말 한마디 한마디로 인해 자신의 지식이 어느 정도로 풍부한지 혹은 어느 정도로 형편없는지 정확하게 드러난다는 점이다. 진정한 지혜는 대개 겸손과 침묵을 통해 두각을 나타낸다.

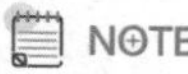

오늘 내가 할 일

오늘 내가 한 일

July

8

말보다 행동으로 보여줘라

당신과 관계를 맺고 있는 모든 사람은 당신과 마찬가지로 부를 축적할 수 있는 기회를 찾고 있다는 사실을 항상 염두에 두어라. 만약 당신이 자신의 계획에 대해 지나치게 솔직하다면 다른 누군가가 자신이 떠벌리고 다녔던 바로 그 계획을 실행해 바로 자신이 목표로 했던 것을 자신보다 먼저 이루어내는 것을 지켜보면서 경악하게 될지도 모를 일이다.

입은 닫아두되 눈과 귀는 항상 열어두어라.

이와 같은 충고를 따르도록 자신을 채찍질하는 방법을 제안하자면, 다음의 경구를 눈에 잘 띄는 곳에 큼지막하게 써 붙여놓고 매일 되새겨야 한다.

'자신이 무엇을 하고자 하는지 이 세상에 알려라. 하지만 그보다 먼저 보여주어라.'

가장 중요한 것은 말이 아니라 행동이다.

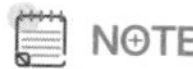

오늘 내가 할 일

오늘 내가 한 일

July 9

위대한 의사 결정에는 그만큼의 위험이 따른다

결단의 가치는 그것을 도출하는 데 필요한 용기에 따라 달라진다. 문명의 기반이 되었던 위대한 의사결정은 그만큼 엄청난 위험을 감수하고 내려진 것이다. 엄청난 위험이란 흔히 자신이 죽을 수도 있는 상황을 의미한다.

미국 시민의 입장에서 역사상 가장 위대한 의사결정은 1776년 7월 4일, 필라델피아에 모인 56인이 미국 독립선언문에 서명한 일일 것이다. 그 56인은 독립선언이 모든 미국인에게 자유를 가져다줄 수도 있고, 어쩌면 자신들 모두가 교수형을 당하는 결과로 이어질 수도 있다는 사실을 명확히 인지하고 있었다.

 NOTE

오늘 내가 할 일

오늘 내가 한 일

July

10 결단력이 뭉치면 위대한 힘이 된다

미국의 독립선언을 분석해보라. 그리고 전 세계 모든 국가를 지휘하며 초강대국의 힘을 보유하고 있는 오늘날의 미국이 56명으로 구성된 마스터 마인드 팀의 결단력으로 탄생되었다는 사실에 확신을 가져라. 워싱턴 장군의 군대에게 승리를 보장해준 것도 그들의 의사결정이었다는 점도 기억해야 할 것이다. 그 의사결정을 가능케 했던 정신, 다시 말해 절대 실패를 인정하지 않는 정신이 전장의 병사들 한 명, 한 명에게 그대로 전달되어 정신적 힘으로 작용했다.

미국이라는 나라가 지금 이렇게 자유를 누릴 수 있는 힘은 다름 아닌 자신의 결단력에 의해 행동하는 개개인이 사용하는 힘과 결코 다르지 않다는 것도 알아두어야 할 사실이다. 그 힘은 여기에서 설명하고 있는 성공 원칙들에 의해 만들어진 힘이다. 독립선언문에 관한 스토리에서 그 원칙들을 찾아내는 일은 그리 어렵지 않다. 적어도 6가지 원칙, 즉 열망, 결단력, 신념, 끈기, 마스터마인드 그리고 체계화된 계획은 쉽게 눈에 들어올 것이다.

오늘 내가 할 일

오늘 내가 한 일

July

11 기적은 강력한 열망에서 비롯된다

성공 철학에서는 강력한 열망에서 비롯된 생각은, 그것을 물리적 대체물로 변환시키려는 경향이 있다고 주장한다. 자신만의 비법을 찾을 때 기적을 찾아 헤매는 일이 없기를 바란다. 기적을 바란다면 결코 자신만의 비법을 찾을 수 없으며 결국에는 불변하는 자연의 법칙과 마주하게 될 것이다. 신념을 갖고 그것을 사용할 수 있는 용기를 가진 사람이라면 누구나 활용할 수 있는 자연의 법칙 말이다. 한 나라에 자유를 가져다주는 데 사용될 수 있고 부자가 되는 데 사용될 수도 있을 것이다. 그것을 이해하고 적절하게 사용하는 데 필요한 시간을 할애하는 일에 달리 비용이 드는 것은 아니다.

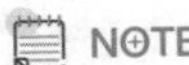

오늘 내가 할 일

오늘 내가 한 일

July

12

리더는 단호한 결단력의 소유자다

즉각적이고 명확한 의사결정 능력을 가진 사람은 자신이 원하는 것이 무엇인지 알고 있으며 일반적으로 그것을 성취한다. 인생의 여정에서 만나게 되는 모든 리더는 신속하고 단호한 결단력의 소유자들이다. 그들이 리더인 주요 원인도 바로 그것이다. 이 세상에는 자신이 가고자 하는 방향을 자신의 말과 행동으로 보여줄 수 있는 사람을 위한 자리가 항상 있게 마련이다.

오늘 내가 할 일

오늘 내가 한 일

July

13 결단력이 당신의 지위를 바꾼다

미루는 버릇은 대개 어린 나이에 시작된 습관이다. 어린아이가 자라나면서 습관은 점점 고질적인 습관으로 바뀌게 되고 결국 그 어린아이는 명확한 목적도 없이 대학 생활을 허비하게 되기도 한다. 모든 교육 제도의 중대한 약점은 명확한 의사결정의 방법을 가르치지도, 그것을 권장하지도 않는다는 것이다.

교육 제도의 결함으로 인해 습득된 고질적인 미루는 습관은 학교를 넘어 사회생활에까지 그대로 이어진다. 만약 실제로 자신이 직업을 선택한다면 아닐 수도 있겠지만, 이제 막 학교를 졸업한 청년들은 대개의 경우 맨 처음 구한 일자리를 그대로 수용하게 된다. 바로 고질적인 미루는 버릇 때문이다. 월급생활자의 98퍼센트가 자신이 원하는 명확한 지위에 대한 계획과 고용주를 선택하는 방법에 대한 결단력이 부족하기 때문에 현재의 위치에 머물러 있다.

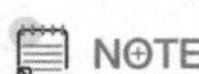

오늘 내가 할 일

오늘 내가 한 일

July

14

결단력은 언제나 용기를 필요로 한다

의사결정에 필요한 결단력은 언제나 용기를 필요로 한다. 그리고 경우에 따라서는 엄청난 용기를 필요로 할 때도 있다. 독립선언문에 서명한 56인은 그들의 목숨을 걸었다. 특정한 과업을 성취하기 위한 명확한 의사결정 능력을 갖추고 자신이 원하는 것의 대가로 자신의 인생 전체를 거는 사람은 목숨을 거는 것이 아니라 자신의 경제적 자유를 내건다. 재정적 독립과 부, 매력적인 비즈니스와 전문성이 요구되는 지위는 그것을 성취하고자 하는 희망을 품고 계획을 세우며 간절히 요구하지 않는 사람에게는 허락되지 않는 것들이다. 사무엘 애덤스(Samuel Adams)가 식민지의 자유를 열망했던 것과 똑같은 정신으로 부자가 되기를 열망하는 사람은 분명히 부를 축적하게 될 것이다.

오늘 내가 할 일

오늘 내가 한 일

July

15

명확한 목적은 인생을 풍성하게 한다

성공이 힘에 의해 달라지는 것이라면, 그 힘이 체계적인 노력이라면, 그리고 체계화를 위한 첫 번째 단계가 명확한 목적이라면, 그 목적이 필수불가결한 이유를 깨닫는 일은 그렇게 어렵지 않을 것이다.

인생의 명확한 목적을 선택하기 전까지 사람들은 자신의 에너지를 낭비하고 수많은 주제와 각기 다른 방향으로 생각을 분산시킨다. 그것은 성공을 위한 힘을 얻는 결과로 이어지지도 않을 뿐만 아니라 미루는 버릇과 나약함을 안겨줄 것이다.

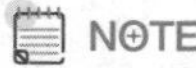

오늘 내가 할 일

오늘 내가 한 일

July

16

성공의 철학

각자의 분야에서 탁월한 성공을 이루어낸 100명의 비즈니스 철학을 신중하게 관찰해보면 그들은 모두 즉각적이고도 명확한 의사결정 능력을 보유한 사람이라는 사실을 알 수 있다.

명확한 중점 목표를 갖고 일하는 습관은 신속한 의사결정의 습관을 낳을 것이고 이것은 인생 전반에 커다란 도움을 줄 것이다.

오늘 내가 할 일

오늘 내가 한 일

July

17 명확한 목표에 노력을 집중하라

명확한 중점 목표를 갖고 일하는 습관은 주어진 과업을 완수할 때까지 자신의 모든 관심을 집중시킬 수 있도록 도움을 줄 것이다. 집중된 노력과 명확한 중점 목표를 갖고 일하는 습관은 성공을 위한 두 가지 필수 요소이며 불가분의 관계로 볼 수 있다. 둘 중 하나가 다른 하나의 결과로 이어지기 때문이다.

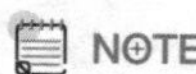

오늘 내가 할 일

오늘 내가 한 일

July 

18 저축은 경제 독립의 첫걸음이다

예금 계정을 신설하고 정기적으로 수입의 일정 부분을 축적해 나가기 위해서는 성품과 의지 그리고 확고한 의사결정의 힘이 필요하다.

누구나 열망하는 경제적 자유와 독립을 만끽할 것인가 그렇지 않을 것인가를 결정짓는 하나의 규칙이 있다. 자신의 소득 수준이 어느 정도인가와는 전혀 무관하다. 총소득의 일정 금액을 저축하는 체계적인 습관을 이행하는 사람이라면 현실적으로 경제적 독립을 성취할 것이 분명하다는 게 바로 그 규칙이다. 만약 한 푼도 저축하지 않는 사람이라면 그 사람에게는 결코 경제적 독립이 허락되지 않을 것이다. 소득 수준이 아무리 높다하더라도 말이다.

오늘 내가 할 일

오늘 내가 한 일

July

19

신속하고 확고한 의사결정 능력을 키워라

자신의 명확한 중점 목표를 현실화하는 데 매일 가까이 다가가고 있지 않다면 당신은 이 책을 충분히 활용하고 있지 않은 것이다. 자신의 명확한 중점 목표의 대상이 가만히 기다리고만 있어도 실현될 수 있다고 오해하거나 그렇게 될 것이라고 자신을 속이지 않기를 바란다 명확한 중점 목표의 대상은 신중하게 수립된 계획이 뒷받침해주는 자신의 굳은 의지와 그 계획을 실행하는 솔선수범의 자세를 통해 현실화될 수 있다. 그것이 없다면 결코 실현될 수 없다.

리더십의 주요 전제조건 중 하나는 신속하고 확고한 의사결정 능력이다. 1만 6,000명이 넘는 사람들을 분석한 결과 리더는 아무리 사소한 문제라도 언제나 의사결정을 내릴 준비가 되어 있는 사람이라는 사실을 보여주었다. 추종자들 중에는 신속한 의사결정 능력을 가진 사람이 절대 없다. 이 사실은 반드시 기억해 둘 가치가 있다.

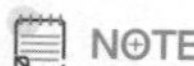

오늘 내가 할 일

오늘 내가 한 일

July

20

좋은 추종자를 만나라

인생에서 만나게 되는 추종자들 중에는 자신이 원하는 것이 무엇인지 정확히 알고 있는 사람이 드물다. 추종자는 그것이 아무리 사소한 일일지라도 리더가 유도하지 않는 한 의사결정 상황에서 머뭇거리거나 꾸물거리며 사실상 의사결정을 거부하는 사람이다.
대부분의 사람들이 신속한 의사결정을 못하거나 하지 않을 것이라는 사실을 인지하는 것은 자신이 원하는 것이 무엇이며 그것을 성취하기 위한 계획을 갖고 있는 리더에게 엄청난 도움이 된다.

오늘 내가 할 일

오늘 내가 한 일

July

21

자신감을 갖고 의사결정을 내려라

리더는 명확한 중점 목표가 있을 뿐만 아니라 그 목표가 지향하는 대상을 획득하기 위한 아주 명확한 계획을 갖고 있다. 또한 리더에게는 자신감의 원리가 성공을 위한 매우 중요한 도구로 보일 것이다.

추종자들이 의사결정을 내리지 못하는 주요 원인은 의사결정에 필요한 자신감이 없기 때문이다.

오늘 내가 할 일

오늘 내가 한 일

July

22 불행과 일시적 패배는 소중한 경험이다

인생의 명확한 중점 목표를 선정하는 일은 상상력과 결단력을 필요로 한다. 결단력은 사용하면 할수록 점점 더 강력해진다. 상상력을 동원해 명확한 중점 목표를 창출하는 데 사용한 즉각적인 의사결정 능력은 다른 문제에 대한 의사결정에 대해 더 강력한 결단력을 제공한다.

불행과 일시적 패배는 대개 불행처럼 보이지만, 실제로는 소중한 경험이다. 그것으로 인해 사람들은 어쩔 수 없이 상상력과 결단력을 사용하게 될 것이기 때문이다. 더 이상 물러날 곳이 없거나 퇴로가 차단된 상황에서 더욱 선전하게 되는 것도 이런 이유에서다. 그런 상황에서 사람들은 도망가기보다는 결전을 위한 의사결정에 이르는 것이다.

오늘 내가 할 일

오늘 내가 한 일

July

23 천재가 탄생하는 필연적인 이유

상상력은 신속하고 명확한 의사결정과 행동을 필요로 하는 비상사태에 직면했을 때 가장 활발하게 작동한다. 그런 상황에 직면한 사람이 의사결정을 내리고 계획을 세우며 상상력을 발휘하는 것은 천재적이라고 말하는 그것과 다르지 않다. 많은 천재들이 신속한 사고와 즉각적인 의사결정을 필요로 하는 상상력이라는 평범하지 않은 자극에 의해 필연적으로 탄생되었다. 이 상상력은 남들이 생각하지 못하는 최초의 시도라는 경험의 산물이다.

지나치게 응석받이로 자란 아이들이 쓸모 있는 사람으로 바뀌기 위해서는 억지로라도 자립심을 갖도록 만들어야 한다는 것은 이미 잘 알려진 사실이다. 자립심이란 상상력과 결단력, 두 가지 모두를 필요로 하며 반드시 필요한 경우가 아니라면 두 가지 중 어느 하나가 독립적으로 사용되지는 않을 것이다.

오늘 내가 할 일

오늘 내가 한 일

July
24

간절한 열망은 기회를 끌어온다

마음속에서 자신이 간절히 열망하는 대상이나 조건 혹은 지위에 대한 명확한 의사결정에 도달한 그날부터 책이나 신문, 잡지를 읽을 때 자신의 명확한 중점 목표에 관련된 기사와 데이터들에 주의가 끌리는 것을 감지하게 될 것이다. 또한, 자신이 이용하기만 한다면 열망의 목표에 점점 더 가까이 다가설 수 있도록 만들어줄 기회가 눈앞에 나타나기 시작할 것이다.
인간의 심성에 대한 지식이 없는 사람들에게 이것은 단지 황당하고 비현실적인 것으로 보인다는 사실을 성공 철학의 저자보다 더 잘 아는 사람은 없다. 그러나 이것은 의심이나 회의를 품는 자들이 나이를 먹는다고 해서 알 수 있는 지혜가 아니다. 결국 어느 누구든 이를 가장 잘 아는 방법은 원칙을 실험해보고 실제적 가치를 느끼는 것뿐이다.

NOTE

오늘 내가 할 일

오늘 내가 한 일

July

25 미루는 버릇은 기회를 빼앗아간다

위대한 리더가 미루는 버릇을 결코 갖고 있지 않았다는 것은 매우 중대한 사실이다. 자신의 야망이 실제로 행동하도록 만들고 앞으로 나아가겠다는 의사결정이 내려진 다음에 결코 망설이거나 되돌아가지 않는다면 당신은 운이 좋은 사람이다. 시계의 초침이 움직이는 매 순간이 시간과의 경주와도 같은 것이다. 뒤로 미루는 것은 실패를 의미한다. 그 누구도 잃어버린 시간을 다시 회복할 수 없기 때문이다. 시간은 실패와 좌절의 상처를 치유하고 잘못된 것을 바로잡으며 모든 실수를 자산으로 바꿔놓는 장인과도 같다. 그것은 의사결정이 필요한 상황에서 미루는 버릇을 극복하고 행동하는 사람에게 언제나 호감을 보인다.

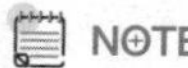

오늘 내가 할 일

오늘 내가 한 일

July

26

위대한 리더의 비밀

능숙한 영업사원에게 질문한다면 대다수의 사람들이 갖고 있는 눈에 띄는 약점이 바로 우유부단함이라고 대답할 것이다. 영업사원이라면 누구나 "생각해보겠습니다"라는 진부한 구실에 익숙하다. "예스(yes)" 아니면 "노(no)"라고 결정을 내릴 용기가 없는 사람들이 자기방어를 위해 구축하는 마지막 참호선 말이다.

이 세상의 위대한 리더들은 신속한 의사결정 능력을 가진 사람들이었다.

오늘 내가 할 일

오늘 내가 한 일

July

27

우유부단함이 실패를 만든다

많은 사람들이 결단을 내리지 못하는 불안한 마음으로 인해 실패로 내몰린다. 한 사형수는 일단 자신의 마음속에서 피할 수 없는 현실을 수용하기로 의사결정을 내린 후에는 다가올 사형 집행에 대한 생각도 그리 두렵지 않았다고 한다.

NOTE

오늘 내가 할 일

오늘 내가 한 일

July

28

결단력 있는 사람과 우유부단한 사람의 차이

결단력 있는 사람은 시간이 얼마나 오래 걸리든 그 과정이 얼마나 힘겹던 상관없이 자신이 원하는 것을 이루어내고야 만다.
한 유능한 영업사원이 클리블랜드의 은행가를 만나고 싶어 하지만 별다른 이유 없이 은행가가 그를 만나줄 리 없다.
하지만 결단력 있는 사람은 절대 중단하지 않는다! 반대로 우유부단한 사람은 결코 시작하지 못한다!
당신은 어느 쪽을 선택할 것인가.

 NOTE

오늘 내가 할 일

오늘 내가 한 일

July

29 결단을 내렸다면 꿋꿋이 밀고 나가라

콜럼버스가 그 유명한 항해를 시작한 것은, 인류 역사상 그 여파가 가장 오래 지속될 의사결정이었다. 그가 자신의 결단을 꿋꿋하게 밀고 나가지 않았다면 지금 미국의 자유는 존재하지 않았을 것이다.
자신의 의사결정에 주의하면서 다음과 같은 중대한 사실을 마음에 새겨두어라.

성공을 이루어낸 사람들은 신속하게 결단을 내리며 일단 결단을 내린 후에는 꿋꿋이 그것을 밀고 나간다.

오늘 내가 할 일

오늘 내가 한 일

July 

30 한번 내린 결단을 중간에 바꾸지 마라

오늘 마음을 정했다가 내일 당장 마음을 바꾸는 사람이라면 실패를 피할 수 없다. 어느 방향으로 발걸음을 떼어놓아야 할지 확신할 수 없다면 차라리 눈을 감고 어둠 속에서 한 발자국을 내딛는 것이 그 자리에 가만히 서서 절대 움직이지 않는 것보다 훨씬 나을 것이다.

실수는 용서받을 수 있지만, 결단을 내리지 못하는 것은 용서받을 수 없다. 왜냐하면, 당신이 살고 있는 조그만 마을 밖의 세상은 당신의 존재를 결코 인지하지 못할 것이기 때문이다.

오늘 내가 할 일

오늘 내가 한 일

July

31 신중히 생각하고 신속하게 행동하라

당신이 누구든 혹은 당신이 하는 일이 무엇이든 당신은 지금 시간을 상대로 체스 게임을 하고 있는 것이다. 언제나 중요한 것은 당신의 다음 수가 무엇인가이다. 신속한 의사결정을 내린다면 시간은 당신에게 호감을 보일 것이다. 그 자리에 가만히 서 있다면 시간은 체스판에서 당신을 완전히 쓸어버릴 것이다.

언제나 올바른 선택만 할 수는 없다. 하지만 신중히 생각하고 체스 말을 움직인다면 평균의 법칙이 적용될 수 있을 것이고, 인생이라는 엄청난 게임이 끝날 때쯤이면 칭찬받을 만한 점수를 쌓아둘 수도 있지 않겠는가.

오늘 내가 할 일

오늘 내가 한 일

+

한 대학의 세일즈맨이 서부 소도시의 부동산 중개업자를 찾아가 대학에서 개설한 '세일즈맨십과 경영' 강좌를 들을 것을 권했다. 부동산 중개업자는 세일즈맨의 이야기를 몇 번이고 들었음에도 우물쭈물하며 선뜻 결정하지 못했다. 그 모습을 지켜보던 세일즈맨이 자리를 박차고 일어나며 말했다.

"당신이 왜 지금 이렇게 초라한 사무실에서 웅크리고 앉아 타자기나 두드리고 있는지 그 이유를 제가 알려드리죠. 당신에게는 결정을 내릴 힘이 없기 때문입니다. 제가 이제껏 설명한 강좌에 대해 당신은 스스로 원하는지 그렇지 않은지조차 알지 못한다고 말했습니다. 그것만으로 당신이 이제껏 분명한 결정을 내리지 못하고 얼렁뚱땅 회피하는 습관만을 키워왔다는 것을 알 수 있습니다."

충격을 받은 중개업자는 세일즈맨의 말에 따라 강좌를 등록해 수업을 들었다. 그리고 3년 후 중개업자는 수십 명의 세일즈맨을 거느린 조직의 대표가 되었다. 인생의 커다란 변화에는 언제나 하나의 결단이 필요하다.

| 나폴레온 힐 |

인내력 없이 시작했다면, 실패를 향해 걸어가는 것이다.

PERSISTENCE

August

8

인내

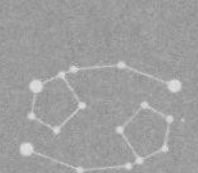

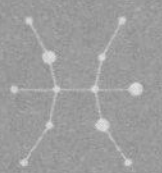

August

+

인내할 수 없다면 시작도 하지 마라

엄청난 부를 축적한 사람들은 흔히 냉혈한이나 무자비한 인간으로 인식되지만, 그것은 오해인 경우가 많다. 그들은 냉혈한이나 무자비한 인간이 아니라 강인한 의지력의 소유자들이며, 그것을 인내와 결합시켜 열망이 목표로 하는 대상을 성취하는 데 사용한다. 인내는 열망을 금전적 대체물로 변환하는 과정에 반드시 필요한 요소다.

인내의 부재는 실패의 가장 큰 원인 중 하나다. 수많은 사람들의 경험을 통해 인내의 부재가 대부분의 사람들이 갖고 있는 주요 약점이라는 것이 입증되었다. 그러나 이것은 노력에 의해 극복될 수 있는 약점이다. 인내의 부재라는 약점이 극복될 수 있다는 안도감은 전적으로 열망의 강도에 달려있다.

인내력이 없다면 시작하기도 전에 실패할 것이고 인내력이 있다면 승리할 것이다. 처음에는 서서히 움직이면서 점점 속도를 높여 자신의 의지에 대한 완전한 통제력을 확보할 때까지 스스로의 심리적 타성에서 벗어나는 것이 필요하다. 처음에 속도가 아무리 느리더라도 인내심을 가져야 한다. 성공은 한순간에 이뤄지는 것이 아니다. 하지만 인내력을 대체할 수 있는 것은 없다. 다른 어떤 것도 그것을 대신할 수 없다. 다시 말해 인내의 습관을 가꿔온 사람은 실패에 대한 보험을 든 것과 다름없다. 몇 번의 실패를 겪더라도 결국에는 정상에 도달할 것이기 때문이다.

인내는 마음의 상태이며, 마음의 상태는 만들어질 수 있다. 다른 모든 마음의 상태가 그렇듯이 인내력은 목적의 명확성, 열망, 자신감, 계획의 명확성, 정확한 지식, 협력, 의지력, 습관과 같은 명확한 동기에 의해 길러진다.

예언자나 철학자, 기적을 일으키는 사람 그리고 과거의 종교적 지도자들에 대해 편견 없이 연구하다보면 그들이 이룬 성공의 주요 원천은 인내와 집중된 노력 그리고 목적의 명확성이라는 필연적인 결론으로 귀결된다. 그들은, 엄청난 실패를 경험한 지점에서 한 걸음만 더 나아갔을 때 성공이 찾아왔다고 한결같이 말했다.

모든 것에는 대가가 따른다. 거저 얻어지는 것은 없다. 마스터 마인드의 원리를 적용하는 과정은 가장 높고 숭고한 형태의 대자연의 원칙을 능숙하게 조종해나가는 것과 같다. 자연 앞에서는 속임수나 부정행위가 통하지 않는다. 오직 그 대가를 지불한 뒤에만 원하는 목적을 성취하도록 허락할 것이다. 그 대가는 바로 지속적이고 물러서지 않는, 끊임없는 노력과 인내다. 인내력이 없다면 그 어떤 것도 이룰 수 없다. 이 점을 명심하라.

August 

1 강인한 의지와 인내로 열망을 성취하라

인내는 열망을 금전적 대체물로 변환하는 과정에 반드시 필요한 요소다. 인내의 근간은 의지력이다.

의지력과 열망이 적절히 결합했을 때는 그 무엇도 당하지 못할 것이다. 엄청난 부를 축적한 사람들은 흔히 냉혈한이나 무자비한 인간으로 인식되지만, 그것은 오해인 경우가 많다. 그들은 냉혈한이나 무자비한 인간이 아니라 강인한 의지력의 소유자들이며 그것을 인내와 결합시켜 열망이 목표로 하는 대상을 성취하는 데 사용한다.

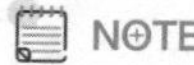

오늘 내가 할 일

오늘 내가 한 일

August

2 포기하지 않는 사람이 결국 성공한다

대다수의 사람들이 맨 처음 장애물에 부딪히거나 불행에 맞닥뜨렸을 때 주저 없이 자신의 목표와 목적을 내던지고 포기해버린다. 모든 장애물에도 불구하고 자신의 목적을 성취할 때까지 포기하지 않는 사람은 소수에 불과하다.
인내라는 단어 자체에는 어떠한 영웅적인 의미도 내포되어 있지 않다. 그러나 그것이 인간의 성품에 미치는 영향은 탄소가 강철을 만드는 구성요소인 것과 다르지 않다.

오늘 내가 할 일

오늘 내가 한 일

August

3 성공의 원리를 이해하라

부를 축적하는 과정에는 일반적으로 성공 철학의 13가지 요소를 모두 적용한 것이 포함된다. 이처럼 성공의 원리들을 반드시 이해해야만 한다. 부자가 된 사람들은 모두 인내심을 갖고 그 원리를 실천한 사람들이다.

이 책이 전달하고자 하는 지식을 실천할 의도를 갖고 있다면 가장 먼저 통과해야 할 시험, 다시 말해 인내력 시험은 처음에 설명한 6단계 부자법칙을 시작할 때 치러야 할 것이다.

 NOTE

오늘 내가 할 일

오늘 내가 한 일

August 

4

인내의 부재는 실패를 부른다

인내의 부재는 실패의 가장 큰 원인 중 하나다. 더구나 수많은 사람들의 경험을 통해 인내의 부재가 대부분의 사람들이 갖고 있는 주요 약점이라는 것이 입증되었다. 이것은 노력에 의해 극복될 수 있는 약점이다. 인내의 부재라는 약점이 극복될 수 있다는 안도감은 전적으로 열망의 강도에 달려 있는 문제다.

오늘 내가 할 일

오늘 내가 한 일

August 

5

빈약한 열망은 빈약한 결과만 가져온다

성취의 출발점은 열망이다. 이것을 항상 마음속에 새겨두어야 한다. 작은 불꽃은 소량의 열을 만들어낼 수밖에 없는 것처럼 빈약한 열망은 빈약한 결과를 가져올 뿐이다. 만약 자신에게 인내력이 부족하다면 열망에 큰 불을 지펴 자신의 약점을 지속적으로 상기시키는 것도 좋은 방법이다.

오늘 내가 할 일

오늘 내가 한 일

August 

6

행운은 그것을 원하는 사람에게로 끌려간다

물이 바다로 흘러 들어가는 것처럼 행운은 그것을 끌어들일 마음의 자세를 갖춘 사람한테로 끌려가게 마련이다. 아무 동요도 없는 마음을, 열망의 목표물을 끌어당길 진동에 맞추어 조율(attune)하는 데 필요한 모든 자극을 이 책에서 찾을 수 있을 것이다.

만약 인내력이 없다면 마스터 마인드 팀이 자신의 주변을 둘러싸도록 만들어라. 팀 구성원들의 협력을 통해 인내심을 기를 수 있을 것이다.

 NOTE

오늘 내가 할 일

오늘 내가 한 일

August 

7

돈에 대한 관심을 키워라

잠재의식은 깨어 있는 동안에도, 잠을 자는 동안에도 끊임없이 작동한다.
성공의 법칙을 적용하기 위한 간헐적이고 비정기적인 노력은 아무런 의미도 갖지 못한다. 의미 있는 결과를 얻기 위해서는 모든 성공의 법칙을 실천하는 일이 확고한 버릇으로 자리 잡을 때까지 지속적으로 적용해야 한다. 성공을 위해 반드시 필요한 돈에 대한 관심을 키워나가기 위해서는 그 외에 다른 방법은 없다.
가난은 마음속에서 가난을 받아들이는 사람에게로 끌리는 법이다. 돈을 끌어들이기 위해 의도적으로 마음의 태세를 갖춘 사람에게 돈이 모이는 것과 마찬가지다. 가난을 받아들이는 마음은 돈에 대한 관심이 없는 마음을 자유롭게 점유해 버린다. 가난을 받아들이는 마음은 가난에 대해 호의적인 습관을 의식적으로 적용하지 않더라도 생겨나는 것이다. 돈에 대한 관심은 선천적으로 타고나지 않은 이상 체계적으로 만들어져야 한다.

오늘 내가 할 일

오늘 내가 한 일

August 

8

스스로의 심리적 타성에서 벗어나라

인내력이 없다면 시작하기도 전에 실패할 것이고 인내력이 있다면 승리할 것이다.

처음에는 서서히 움직이면서 점점 속도를 높여 자신의 의지에 대한 완전한 통제력을 확보할 때까지 스스로의 심리적 타성에서 벗어나는 것이 필요하다. 초기에 천천히 움직이는 속도가 아무리 느리더라도 인내심을 가져야 한다. 인내심만 있다면 성공도 멀지 않았다.

오늘 내가 할 일

오늘 내가 한 일

August

9 인내력을 대신할 수 있는 것은 아무것도 없다

신중하게 마스터 마인드 팀을 선정한다면 그중 적어도 한 사람은 인내력을 개발하는 데 도움을 줄 수 있는 사람이 있을 것이다. 엄청난 부를 축적한 사람 중 일부는 반드시 필요하기 때문에 그렇게 했다. 그들이 인내의 습관을 기를 수 있었던 것은 인내하지 않으면 안 될 상황 때문이었다.

인내력을 대체할 수 있는 것은 없다. 다른 어떤 것도 그것을 대신할 수 없다. 이것을 반드시 기억해두라. 인생의 여정이 어렵고 더디게 진행된다고 생각될 때 격려가 되어 줄 것이다.

NOTE

오늘 내가 할 일

오늘 내가 한 일

August 

10

인내에 대한 보상은 바로 목표의 달성이다

인내의 습관을 가꿔온 사람은 실패에 대한 보험을 든 것과 다름없다. 몇 번의 실패를 겪더라도 결국에는 정상에 도달할 것이기 때문이다. 때때로 그것은 온갖 좌절의 경험을 헤쳐 나가도록 만드는 임무를 띤, 보이지 않는 길잡이가 있는 것처럼 보일 수도 있다.

실패를 딛고 일어나 성공에 도달하기 위해 끊임없이 노력하는 사람에게 이 세상은 이렇게 찬사를 보낼 것이다.

"브라보! 당신이 성공하리라는 것을 알고 있었습니다!"

보이지 않는 길잡이는 인내력 시험을 통과하지 않은 사람에게는 절대 위대한 성공을 만끽할 혜택을 허락하지 않는다. 인내력 시험을 견뎌낸 사람에게는 인내에 대한 아낌없는 보상이 주어진다. 그것은 바로 자신이 원하는 목적의 달성이다. 그것으로 끝나는 것이 아니다. 물질적 보상보다 훨씬 더 큰 무엇인가가 주어질 것이며, 그것은 바로 '모든 실패는 그에 상응하는 혜택의 씨앗을 함께 가져다준다'는 사실을 인지할 수 있게 되는 일이다.

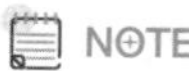

오늘 내가 할 일

오늘 내가 한 일

August

11

인내 없는 성공은 없다

인내의 확고함을 경험을 통해 알고 있는 사람은 소수에 불과하다. 그들은 실패를 일시적인 것 이상으로 받아들이지 않는 사람들이다. 자신의 열망을 실천하는 일을 끈기 있게 밀고 나가 결국에는 실패를 승리로 바꿔놓은 사람들이다. 삶을 지켜보는 위치에 있는 우리는 너무나 많은 사람이 실패로 인해 쓰러지고 다시는 일어나지 못하는 것을 보게 된다. 반면 실패가 주는 처벌을 더 많은 노력을 기울이라는 격려로 받아들이는 소수의 사람도 보게 된다. 다행히도 이런 사람들은 인생에서 뒤로 물러나는 것을 받아들일 줄 모른다. 그러나 우리 눈에는 보이지도 않으며 존재하리라고 아무도 의혹을 품지 않는 그것은 좌절의 상황에 정면으로 부딪히는 사람에게 구원의 손길을 뻗어주는 조용하면서도 거부할 수 없는 힘이다. 그 힘을 굳이 말한다면 바로 인내력일 것이다. 누구나 알고 있는 한 가지 사실이 있다면 인내력을 소유하지 못한 사람은 그 어떤 것에서도 의미 있는 성공을 거둘 수 없다.

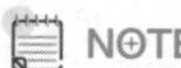

오늘 내가 할 일

오늘 내가 한 일

August
12
인내를 구성하는 8가지 동기

1. 목적의 명확성. 인내력을 기르는데 가장 중요한 첫 번째 단계다.
2. 열망. 강한 열망은 인내력을 습득하고 유지하게 한다.
3. 자신감. 계획을 수행하는 자신의 능력에 대한 믿음은 끈기 있게 계획을 추진하도록 힘을 북돋워 준다.
4. 계획의 명확성. 체계화된 계획은 비록 빈약하고 전적으로 비현실적이라 할지라도 인내력을 기르는데 도움이 된다.
5. 정확한 지식. 경험이나 관찰에 근거하여 자신의 계획이 확고하다는 것을 인지하면 인내력을 기르는데 도움이 된다.
6. 협력. 공감과 이해, 조화로운 협력은 인내력을 길러준다.
7. 의지력. 명확한 목적의 달성을 위한 계획 수립에 자신의 생각을 집중하는 습관은 인내력의 습득으로 이어진다.
8. 습관. 인내는 습관의 직접적인 결과물이다. 최악의 적이라고 할 수 있는 두려움도 용기 있는 행동의 의도적인 반복을 통해 효과적으로 치유될 수 있다.

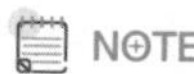

오늘 내가 할 일

오늘 내가 한 일

August 

13 인내에 대한 자기진단

스스로에 대한 목록을 작성해보라. 그리고 인내를 필요로 하는 필수 요소 중에 부족한 것이 무엇인지 확인해보라. 하나하나 짚어가며 과감하게 스스로를 진단하고 인내를 구성하는 8가지 요소 중에 자신에게 부족한 것이 무엇인지 살펴보라. 그 분석의 결과는 스스로에 대한 새로운 발견으로 이어질 것이다.

오늘 내가 할 일

오늘 내가 한 일

August

14

성공한 사람들이 극복한 약점들

1. 자신이 원하는 것이 정확하게 무엇인지에 대해 명확히 정의하고 인지하는 일에 실패하는 것
2. 미루는 버릇(대개의 경우 핑계나 변명을 동반한다)
3. 특별한 지식을 습득하는 일에 대한 관심의 부족
4. 우유부단함
5. 문제 해결을 위한 명확한 계획을 세우기보다 핑계나 변명에 의존하는 것
6. 자기만족감
7. 무관심
8. 자신의 실수를 다른 사람의 탓으로 돌리고 부정적인 환경을 피할 수 없는 것으로 받아들이는 것
9. 빈약한 열망. 행동을 유발할 수 있는 동기를 선택하는 일을 경시한 결과로 강렬한 열망을 갖지 못한다.
10. 실패의 징조가 보이자마자 기꺼이 포기하는 태도 (6가지의 기본적 두려움에 근거한 포기)

11. 체계화된 계획의 부재. 분석할 수 있도록 서면으로 작성된 계획이 없다.
12. 아이디어를 진행시키거나 눈앞에 나타난 기회를 움켜잡는 일을 게을리 하는 것
13. 기꺼이 실천하고자 하는 의지가 아닌 단순히 희망하는 것에 그치는 것
14. 부자가 되기를 목표로 하는 것이 아니라 가난과 타협하는 것
15. 부자가 되는 지름길만 찾아 헤매는 것, 정당한 대가를 치르지 않고 원하는 것을 성취하려고 노력하는 것, 자극적인 흥정을 추진하려는 노력
16. 비판에 대한 두려움. 다른 사람이 어떻게 생각할지, 그들이 어떻게 할지 혹은 그들이 무슨 말을 할지 두렵기 때문에 계획을 세우고 그것을 실천하는 일에 실패하는 것

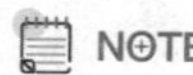

오늘 내가 할 일

오늘 내가 한 일

August 15

비판에 대한 두려움

비판에 대한 두려움의 증상을 몇 가지 살펴보도록 하자. 대부분의 사람들이 친척이나 친구, 좀 더 큰 견지에서 본다면 대중이 자신들에게 영향력을 행사하도록 허락한다. 비판에 대한 두려움 때문에 자신의 삶을 제대로 살아가지도 못하는 것이다.

많은 사람이 결혼 생활에서 실수를 하지만 협상으로 무마하려고 든다. 그리고는 비참하고 불행한 인생을 살아가고 있다. 왜냐하면, 사람들은 실수를 바로잡은 후에 따라올지도 모를 비판을 두려워하기 때문이다. 이런 종류의 두려움에 복종하는 사람이라면 누구나 그 피해에 대해서도 잘 알고 있을 것이다. 마음속에 품은 야망과 자신감 그리고 성취하고자 하는 열망이 모조리 파괴되는 회복할 수 없는 피해 말이다.

오늘 내가 할 일

오늘 내가 한 일

August

16 실패에 대한 비판을 두려워하지 마라

비즈니스에서 위험을 감수하기를 거부하는 사람은 실패할 경우 따라올지도 모를 비판을 두려워하기 때문이다. 그런 경우에 비판에 대한 두려움은 성공에 대한 열망보다 더 강하다.
너무나 많은 사람들이 스스로를 위해 더 높은 목표를 세우기를 거부한다. 심지어 직업을 선택하는 일도 경시한다. 왜냐하면, "목표를 너무 높게 세우지 마. 사람들이 널 미쳤다고 생각할거야."라는 말로 친척이나 친구들이 자신을 비판할지도 모른다고 두려워하기 때문이다.

NOTE

오늘 내가 할 일

오늘 내가 한 일

August

17

행운은 필요에 따라 만들어질 수 있다

사람들은 물질적 성공은 행운의 결과라고 믿는다. 그런 믿음을 가질 만한 근거가 없는 것은 아니지만, 전적으로 운에 매달리는 사람은 항상 실망하게 될 확률이 높다. 성공을 확신하기에 앞서 반드시 전제되어야 할 또 다른 중요한 요인을 간과하기 때문이다. 그것은 바로 행운이란 필요에 따라 만들어질 수 있다는 사실을 인지하는 것이다.

전적으로 의존할 수 있는 행운이 있다면 스스로 만들어낸 행운밖에 없으며 그것은 인내심을 갖고 꾸준히 노력하는 과정에서 주어진다. 그 출발점은 목적의 명확성이다.

오늘 내가 할 일

오늘 내가 한 일

August

18 단순히 바라기만 하면 성공하지 못한다

당신이 만나는 100명의 사람들에게 인생에서 가장 갖고 싶은 것이 무엇인지 질문한다면 아마도 100명 중 98명은 대답할 수 없을 것이다. 만약 억지로 대답을 하라고 한다면 몇몇은 안정된 인생이라고 할 것이고, 대부분이 돈이라고 할 것이다. 또 다른 몇몇은 행복이라 할 것이고, 명예나 권력이라고 하는 사람도 있을 것이며, 사회적 명성이나 여유로운 삶, 예술적 재능이라고 대답하는 사람도 있을 것이다. 하지만 자신이 원하는 것을 구체적으로 설명하거나 막연하게 희망하고 있는 그것을 성취하는 데 필요한 계획을 조금이라도 갖고 있는 사람은 단 한 명도 없을 것이다.
부(riches)는 단순한 희망에 반응하지 않는다. 오직 명확한 열망에 근거한 명확한 계획이 끈기 있게 추진될 때 반응한다.

오늘 내가 할 일

오늘 내가 한 일

August
19 인내의 습관을 습득하기 위한 4단계

인내의 습관으로 이어지는 네 가지 단순한 과정이 있다. 대단한 지적 능력을 요구하는 것도 아니고 특정한 교육 수준도 필요로 하지 않는다. 다만 약간의 시간과 노력만 있으면 된다. 다음은 인내의 습관을 습득하기 위한 4단계다.

1. 목적을 달성하고자 하는 불타는 열망이 뒷받침된 명확한 목적
2. 지속적인 행동으로 표현되는 명확한 계획
3. 친척이나 친구, 지인들로부터의 부정적 의견을 포함한 모든 부정적, 비관적 영향력을 단호히 차단하는 마음가짐
4. 자신의 계획과 목적을 일관성 있게 추진하도록 힘을 북돋워 줄 한 명 이상의 사람들과의 우호적인 동맹 형성

이 4단계는 인생의 모든 여정에서 성공을 이루기 위해 반드시 필요한 과정이다.

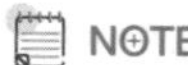

오늘 내가 할 일

오늘 내가 한 일

August

20 성공 철학의 13가지 원리가 지향하는 목표

성공 철학의 13가지 원리가 지향하는 목표는 앞에서의 네 가지 과정을 습관적으로 밟아나가도록 하는 데 있다.
이것은 자신의 경제적 상황을 통제할 수 있는 과정이다.
이것은 자유롭고 독립적인 사고로 이어질 수 있는 과정이다.
이것은 그 정도가 작든 크든 부자가 될 수 있는 과정이다.
이것은 권력과 명성 그리고 세계적 인지도를 확보할 수 있는 길로 이어진다.
이것은 행운을 보장하는 과정이다.
이것은 꿈을 물리적 대체물로 변환시키는 과정이다.
이것은 또한 두려움과 좌절 무관심을 극복할 수 있는 길이다.

앞에서 거론한 4단계를 밟아가는 사람에게는 막대한 보상이 주어진다. 그것은 스스로 미래에 대한 계획을 세우고 그에 상응하는 대가의 인생을 살아갈 수 있다는 것이다.

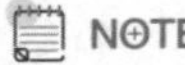

오늘 내가 할 일

오늘 내가 한 일

August

21

성공의 주요 원천, 인내력

인내력이 있는 사람에게 어려움을 극복할 수 있는 능력을 허락하는 신비로운 힘은 어떤 것일까? 인내심은 누군가의 마음속에, 초능력에 접근할 수 있는 영적 정신적 혹은 화학적 활동들을 심어 주는 것일까? 신성의 지혜는 온 세상과 맞서 싸운 전투에서 패배하고도 여전히 포기하지 않은 사람의 옆자리로 떨어지는 것인가?

이와 유사한 수많은 질문들이 아무것도 없이 끈기 하나로 시작했지만, 자동차 제국을 건설한 헨리 포드와 같은 사람들을 관찰할 때마다 내 머릿속에 떠오른다. 고작 3개월의 정규 교육을 받았지만, 세상에서 가장 위대한 발명가가 된 토머스 에디슨도 마찬가지다.

나는 포드와 에디슨을 장기간에 걸쳐 분석할 수 있는 혜택을 누렸기 때문에 내가 두 사람 중 누구에게서도 그들의 놀랄 만한 성공의 주요 원천으로 인내력 외에 다른 어떤 것도 찾을 수 없었다고 말한다면 그것은 나의 실질적인 지식에 근거를 둔 말이다.

오늘 내가 할 일

오늘 내가 한 일

August 

22 성공으로 이어지는 필연적 요소

예언자나 철학자, 기적(miracle)을 일으키는 사람 그리고 과거의 종교적 지도자들에 대해 편견 없이 연구하다보면 그들이 이룬 성공의 주요 원천은 인내와 집중된 노력 그리고 목적의 명확성이라는 필연적인 결론으로 귀결된다.

 NOTE

오늘 내가 할 일

오늘 내가 한 일

August 

23

엄청난 실패를 했을 때 한 걸음만 더 나아가라

실패에 이르는 가장 일반적인 원인 중 하나는 일시적 패배에 압도당하여 포기해버리는 습관이다. 누구라도 이런 실수에 대한 죄책감에서 자유로울 수 없을 것이다.
미국에서 가장 성공한 사람이라고 알려진 500명이 넘는 사람들이 말하기를 자신들의 성공은 엄청난 실패를 경험한 지점에서 한 걸음만 더 나아갔을 때 찾아왔다고 했다.
실패는 반어적 표현의 예리한 감각과 교활함을 가진 사기꾼과 흡사하며 성공을 바로 눈앞에 둔 사람의 발을 걸어 넘어뜨리는 일에서 큰 즐거움을 찾는다.

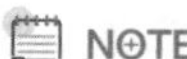

오늘 내가 할 일

오늘 내가 한 일

August 

24 인내의 열매는 달다

확고한 결의와 한 가지 열망을 끝까지 밀고 나가는 인내는 모든 장애물을 베어내고 자신이 찾고 있던 기회를 가져다주게 되어 있다.

처음에는 "노(no)"라고 말한 고객으로부터 창출되는 영업실적이 항상 더 높다는 점을 염두에 두기 바란다.

 NOTE

오늘 내가 할 일

오늘 내가 한 일

August 

25

명확한 목적을 갖고 인내하라

심리학자들은 '무언가를 위한 진정한 준비가 갖추어졌을 때 잠시 그 모습을 드러낸다'라고 했다. 명확한 목적을 갖고 그것이 온통 마음을 다 빼앗는 집념으로 변할 때까지 인내한 것과는 사뭇 다른 이야기다.

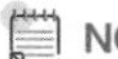

NOTE

오늘 내가 할 일

오늘 내가 한 일

August

26 불가능이라는 단어를 멀리하라

보통사람들이 불가능(impossible)이라는 단어와 너무나 친숙하다는 것은 중대한 약점이다. 제대로 적용되지 못할 모든 규칙을 이미 알고 있고 실행될 수 없는 것들도 이미 다 알고 있는 사람들이 너무나 많다.

이 책은 다른 사람에게 성공을 가져다준 규칙을 찾아 그 규칙에 자신의 모든 것을 기꺼이 걸고자 하는 사람들을 위한 것이다.

 NOTE

오늘 내가 할 일

오늘 내가 한 일

August

27

언제라도 서비스를 제공할 준비를 갖춰라

우리는 인생에서 두 번의 중요한 시기를 지난다. 첫 번째는 지식을 수집하고 분류하며 체계화하는 시기이고, 두 번째는 타인으로부터 인정받기 위해 고군분투하는 시기다. 스스로를 위한 체계화된 지식은 어느 정도 습득한 후에는 다른 사람을 위해 제공하는 서비스로 활용될 수 있다. 그럼에도 여전히 자신의 서비스 제공 능력에 대해 타인을 납득시켜야 하는 문제에 직면하게 된다.

언제든 서비스를 제공할 준비를 갖춰야 할 뿐만 아니라 기꺼이 서비스를 제공해야 하는 이유 중 가장 중요한 것은 그렇게 함으로써 자신이 가진 능력을 다른 사람에게 증명해보일 수 있는 기회를 얻기 때문이다. 타인으로부터 인정받은 것에 겨우 한 걸음 더 다가서는 것이다.

"내가 받을 수 있는 대가를 먼저 보여주시오. 그럼 내가 할 수 있는 일을 보여주겠소."라고 말하는 대신 "내가 가진 모든 능력을 보일테니 나의 능력이 마음에 든다면 그때 대가를 지불하시오."라고 말해보라.

오늘 내가 할 일

오늘 내가 한 일

August 

28 리더의 능력

마스터 마인드의 에너지를 성공적으로 만들어내고 그것을 지휘할 수 있는 리더라면 솜씨와 인내심, 끈기와 자신감, 마음의 화학작용에 대한 해박한 지식 그리고 한 치의 불안도 보이지 않으면서 급변하는 상황에 자신을 적응시켜 나갈 수 있는 능력(완벽한 자세와 조화로운 마음)을 소유하고 있어야 한다.

 NOTE

오늘 내가 할 일

오늘 내가 한 일

August

29 신념과 노력에 대한 보상

이제 당신은 성공을 거머쥘 수 있는 열쇠를 보유하고 있다. 그 열쇠로 지식의 사원의 문을 열고 그 안으로 걸어 들어가기만 하면 된다. 문제는 그 사원이 눈앞에 나타나 주는 것이 아니라 스스로 그곳에 가야 한다는 것이다. 만약 이 말이 생소하게 들리는 사람이라면 그곳으로 가는 일이 처음에는 쉽지 않을 것이다. 수차례 넘어지겠지만 끊임없이 나아가야 한다. 그러다 보면 머지않아 자신이 오르려 했던 산봉우리의 꼭대기에 도달하게 될 것이다. 그리고 계곡에 서서 그 아래 펼쳐진 풍요로운 지식의 땅을 바라보게 될 것이다. 바로 그것이 자신의 신념과 노력에 대한 보상이다.

모든 것에는 대가가 따른다. 마스터 마인드의 원리를 적용하는 과정은 가장 높고 숭고한 형태의 대자연의 원칙을 능숙하게 조종해나가는 것과 같다. 자연 앞에서는 속임수나 부정행위가 통하지 않는다. 오직 그 대가를 지불한 뒤에만 원하는 목적을 성취하도록 허락할 것이다. 그 대가는 바로 지속적이고 물러서지 않는, 끊임없는 노력이다.

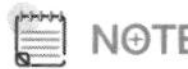

NOTE

오늘 내가 할 일

오늘 내가 한 일

August 

30 인내하지 않으면 성취는 없다

인내력이 없다면 그 어떤 것도 이룰 수 없다. 아무리 반복해도 지나치지 않을 사실이다.

인내력을 가진 것과 인내력이 부족한 것의 차이는 무언가를 갖고 싶어 하는 단순한 희망과 그것을 갖겠다는 확고한 결의 사이의 차이와 다르지 않다.

솔선수범하는 사람이 되기 위해서는 자신의 중점 목표가 지향하는 대상을 성취할 때까지 1년이 걸리든 20년이 걸리든 공격적이면서도 끈기 있게 좇아가는 습관을 만들어야 한다.

명확한 중점 목표를 달성하기 위한 지속적인 노력이 없다면 목표가 없는 것과 같다.

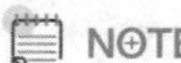

오늘 내가 할 일

오늘 내가 한 일

August

31 노력하는 사람에게 기회는 계속 찾아온다

재정적인 측면의 성공을 이룬 사람에게 질문해보면 이렇게 대답할 것이다. 자신은 끊임없이 무언가를 얻으려 애썼을 뿐이며 돈을 벌 수 있는 기회가 계속 눈앞에 나타났던 것이라고 말이다.

"무릇 있는 자는 받아 넉넉하게 되고 없는 자는 그나마 있는 것도 빼앗기리라."

나에게 이 성경 구절은 그저 웃기는 말에 지나지 않았다. 그러나 그 함축되어 있는 명확한 의미를 생각한다면 얼마나 맞는 말인가. 그렇다. 있는 자는 받아 넉넉하게 된다. 만약 가진 것이 실패와 자신감의 부족, 미움이나 자제력의 부족이라면 그 사람은 그런 것들을 더욱 넉넉히 받게 될 것이다. 가진 것이 성공과 자신감, 자제력, 인내와 끈기, 결단력이라면 그 사람의 가진 것은 더욱 많아질 것이다.

 NOTE

오늘 내가 할 일

오늘 내가 한 일

신뢰할 수 있는 동료만큼 엄청난 재산은 어디에도 없다.

POWER OF THE MASTER MIND

September

9

마스터
마인드의 힘

September

+

마스터 마인드는 목표를 달성하기 위한 최고의 동반자다

힘이란 체계화되고 지능적으로 방향을 설정한 지식'이라고 정의될 수도 있다. 이 힘이란 자신의 열망을 금전적 대체물로 변환시킬 수 있을 만큼 충분히 체계화된 노력이다. 체계화된 노력은 조화의 정신으로 명확한 목표를 향해 함께 전진하는 두 사람 이상의 협력을 통해 만들어진다.

마스터 마인드란 '명확한 목적의 달성을 위해 조화의 정신에 입각한 두 사람 이상의 협력과 지식'이다. 마스터 마인드를 이용하지 않고 성공을 실현시키는 그 엄청난 힘을 소유할 수 있는 사람은 없다.

마스터 마인드 원리에는 '현실적인 경제성'과 '정신적 측면'의 두 가지 특징이 있다. 경제적 특징은 경제적 이익이 완벽한 조화의 정신에 입각하여 자신에게 전폭적인 지원을 기꺼이 제공할 팀으로부터 충고와 조언, 개인적 협력을 수시로 얻을 수 있는 사람에 의해 만들어질 수 있다. 이런 형태의 협력적 동맹은 거의 모든 재정적 성공의 기초가 되어 왔으며 이에 대한 이해가 당신의 재정 상태를 결정하게 될 것이다.

사람은 공감과 조화의 정신으로 가깝게 지내는 사람들의 성품과 습관, 사고력을 수용한다.

헨리 포드는 훌륭한 정신의 소유자들과 동맹을 형성하고 그들의 사고의 진동을 자신의 것으로 흡수하면서 가난과 문맹, 무지를 극복했다. 에디슨이나 버뱅크, 버로스, 파이어스톤과의 친분을 통해 포드는 이들의 지혜와 경험 지식 그리고 영적인 힘의 결정체를 자신의 두뇌 속에 집어넣을 수 있었고 그 결과 자신의 꿈을 실현시켰다.
사람들은 보통 자신은 지혜로운 사람이라고 믿으며 산다. 그들 대부분은 분명 지혜를 갖고 있지만 초급 수준의 지혜일 뿐이며, 마스터 마인드의 도움 없이 진정한 지혜를 가질 수 있는 사람은 절대 없다.
비즈니스나 금융, 산업 혹은 어떤 직업에서라도 두드러진 성공사례를 조사해 보면 그 성공의 이면에는 마음의 화학작용의 원리를 적용한 개인이 있다는 확신을 갖게 된다. 그 마음의 화학작용을 통해 마스터 마인드가 만들어지게 된다.
당신에게는 마스터 마인드를 공유할 동료가 있는가? 만약 그렇다면 성공은 머지 않았다.

September 

1

힘의 정의

부의 축적에 성공하기 위해 필수불가결한 것은 힘(power)이다. 계획은 그것을 행동으로 변환시킬 수 있는 충분한 힘이 없다면 무기력하고 쓸모없는 것일 뿐이다. 힘이란 '체계화되고 지능적으로 방향을 설정한 지식'이라고 정의될 수도 있다. 여기에서 말하는 힘이란 자신의 열망을 금전적 대체물로 변환시킬 수 있을 만큼 충분히 체계화된 노력이다. 체계화된 노력은 조화의 정신으로 명확한 목표를 향해 함께 전진하는 두 사람 이상의 협력을 통해 만들어지는 것이다.

오늘 내가 할 일

오늘 내가 한 일

September

2 지식의 원천

부를 축적하기 위해 힘이 필요하다. 부가 축적된 이후에는 그것을 지키기 위한 힘도 필요하다. 어떻게 힘을 획득할 수 있는가. 힘을 체계화된 지식이라고 한다면 그 지식의 원천에 대해 살펴보자.

1. 신성의 지혜. 창의적 상상력의 도움을 받아 이 책의 다른 곳에서 설명하고 있는 절차를 통해 접촉할 수 있는 지식의 원천이다.
2. 축적된 경험. 인간의 축적된 경험(혹은 오랜 기간에 걸쳐 체계화되고 기록된 경험)은 잘 꾸려진 공공도서관에서 쉽게 찾을 수 있다. 이와 같은 축적된 경험 중 중요한 부분은 그것을 분류하고 체계화한 정규 교육 과정을 거치면서 학습할 수 있다.
3. 실험과 연구. 과학에서 그리고 사실상 인생의 모든 여정에서 인간은 날마다 새로운 사실을 수집하고 분류하며 체계화하고 있다. 축적된 경험으로 구할 수 없는 지식이라면 이런 방법으로 얻어야 할 것이다. 여기에서도 창의적 상상력이 종종 사용된다.

오늘 내가 할 일

오늘 내가 한 일

September 

3

지식의 변환

지식은 그것을 체계화하여 명확한 계획으로 바꾸고 그 계획이 행동으로 표현될 때 힘으로 변환될 수 있다.

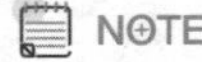

오늘 내가 할 일

오늘 내가 한 일

September

4

주변 사람으로부터 협력을 유도하라

지식의 세 가지 주요 원천(9월 2일 참조)을 자세히 살펴보면 한 사람이 지식을 명확한 계획으로 조합하고 행동으로 표현하기 위해 혼자만의 노력에 전적으로 의존할 때 직면하는 어려움을 쉽게 알아차릴 수 있다.

만약 그 계획이 포괄적이며 많은 부분에 대한 심사숙고를 필요로 하는 것이라면 계획의 수행에 필요한 힘을 주입하기에 앞서 주변 사람으로부터 협력을 유도해야만 하는 것이 일반적이다.

오늘 내가 할 일

오늘 내가 한 일

September 

5 마스터 마인드의 정의

마스터 마인드(master mind)란 '명확한 목적의 달성을 위해 조화의 정신에 입각한 두 사람 이상의 협력과 지식'이라고 정의할 수 있다.
마스터 마인드를 이용하지 않고도 그 엄청난 힘을 소유할 수 있는 사람은 없다.

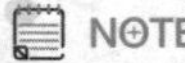

오늘 내가 할 일

오늘 내가 한 일

September 

6

마스터 마인드의 특징

이제 당신은 적절히 선정된 마스터 마인드 팀을 통해 얻을 수 있는 무형의 잠재적 힘에 대해 더 깊이 이해할 수 있게 되었다. 이제부터는 마스터 마인드 원리의 두 가지 특징에 대해 설명할 것이다. 그중 하나는 현실적인 경제성이며 다른 하나는 정신적 측면이다. 경제적 특징은 명백한 것이다. 경제적 이익은 완벽한 조화의 정신에 입각하여 자신에게 전폭적인 지원을 기꺼이 제공할 팀으로부터 충고와 조언, 개인적 협력을 수시로 얻을 수 있는 사람에 의해 만들어질 수 있다. 이런 형태의 협력적 동맹은 거의 모든 재정적 성공의 기초가 되어왔으며 그 위대한 진실에 대한 이해가 당신의 재정 상태를 결정할 것이다.

마스터 마인드 원리의 정신적 측면은 훨씬 더 집약적이며 이해하기도 어렵다. 왜냐하면 그것은 인류 전체가 그리 친숙하지 않은 영적인 힘에 대한 언급을 필요로 하기 때문이다. '두 사람의 마음이 서로 협력하기 위해서는 반드시 눈에 보이지 않는 무형의 힘과 연결된 제3의 마음을 만들어내야 한다'라는 말에서 중대한 제안을 포착해낼 수 있다.

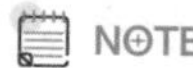

NOTE

오늘 내가 할 일

오늘 내가 한 일

September 

7

마음이 곧 에너지다

이 세상에는 오직 에너지와 물질이라는 두 가지 요소만이 존재한다는 사실을 기억해두기 바란다. 물질이 분자나 원자, 전자로 나누어질 수 있다는 것은 이미 잘 알려진 사실이다. 물질에는 격리되고 분리되며 분석될 수 있는 단위가 존재한다.

마찬가지로 에너지에도 단위가 있다.

사람의 마음은 에너지의 한 형태이며 그중 일부분은 사실상 영적인 부분이다. 두 사람의 마음이 조화의 정신에 의해 협력할 때 각각의 마음의 영적 단위는 친밀감을 형성하게 되고 그것이 바로 마스터 마인드의 정신적(psychic) 측면을 구성한다.

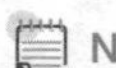

NOTE

오늘 내가 할 일

오늘 내가 한 일

September 

8

마스터 마인드 원리를 적용하라

엄청난 부를 축적한 사람들 그리고 어느 정도의 부를 축적한 사람들의 행적을 분석해보면 그들이 의식적으로 또는 무의식적으로 마스터 마인드 원리를 적용했다는 것을 알 수 있을 것이다.
그것 말고는 다른 어떤 방법으로도 엄청난 힘을 축적할 수 없다.

 NOTE

오늘 내가 할 일

오늘 내가 한 일

September 

9 조화의 정신으로 협력하라

에너지(energy)는 자연을 구성하는 조각들이다. 그 조각들로 인해 모든 물질적인 것이 형성되고 생명이 만들어진다. 인간이 이해할 수 없는 자연의 법칙을 통해 에너지는 물질로 변환된다.

자연을 구성하는 조각들을 인간이 사용할 수도 있다. 바로 사고에 필요한 에너지다. 여러 개의 전지를 묶어놓으면 한 개의 전지보다 더 많은 에너지를 생산한다는 것은 모두 알고 있는 사실이다. 각각의 전지는 그 속에 포함된 셀의 수와 용량에 비례하여 에너지를 생산한다는 것 또한 잘 알려진 사실이다.

인간의 두뇌도 그와 유사한 방식으로 작동한다. 어떤 사람이 다른 사람에 비해 더 효율적인 두뇌활동을 보이는 것도 이것으로 설명될 수 있을 것이다. 그리고 이것은 매우 중대한 결론으로 이어진다. 여러 개의 전지가 한 개의 전지보다 더 많은 에너지를 만들어내는 것과 마찬가지로 조화의 정신으로 협력하거나 연결된 둘 이상의 두뇌는 하나의 두뇌보다 훨씬 더 많은 사고의 에너지를 생산한다.

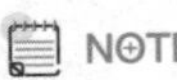

오늘 내가 할 일

오늘 내가 한 일

September 

10

힘의 비밀

자신의 주변이 협력자들로 둘러싸인 사람이 행사하는 힘의 비밀을 마스터 마인드 원리가 갖고 있다는 것이 명백해졌다. 둘 이상의 두뇌가 조화롭게 서로 협력할 때, 그 동맹을 통해 한층 상승된 에너지는 팀의 구성원 개개인이 모두 사용할 수 있다.

 NOTE

오늘 내가 할 일

오늘 내가 한 일

September

11

가까운 사람들의 성품과 습관, 사고력을 수용하라

헨리 포드가 비즈니스와 산업 분야에서 최고의 소식통이라는 데에는 의심의 여지가 없다. 그가 이룬 부와 성공은 반론의 여지도 없다. 포드의 지인들을 분석해보면 이런 말을 이해하는 데 무리가 없을 것이다.

사람은 공감과 조화의 정신으로 가깝게 지내는 사람들의 성품과 습관, 사고력을 수용한다.

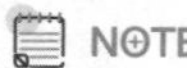

오늘 내가 할 일

오늘 내가 한 일

September

12

훌륭한 정신의 소유자와 동맹을 형성하라

헨리 포드는 훌륭한 정신의 소유자들과 동맹을 형성하고 그들의 사고의 진동을 자신의 것으로 흡수하면서 가난과 문맹, 무지를 극복했다. 에디슨이나 버뱅크(Burbank), 버로스(Burroughs), 파이어스톤Firestone)과의 친분을 통해 포드는 이 네 사람의 지혜와 경험, 지식 그리고 영적인 힘의 결정체를 자신의 두뇌 속에 집어넣을 수 있었다.
더 나아가 그는 이 책에서 설명하고 있는 절차를 그대로 적용하면서 마스터 마인드 원리를 전용하고 활용했다. 물론 이 원리는 지금 당신도 사용할 수 있다.

NOTE

오늘 내가 할 일

오늘 내가 한 일

September

13

명확한 목적을 위해 협력을 유도하라

마하트마 간디의 힘은 수동적이기는 하지만 실제적인 것이다. 그의 거대한 힘은 단 몇 마디의 말로 설명될 수 있다. 간디의 힘은 2억 명이 넘는 사람들의 마음과 몸을 명확한 목적을 위해 서로 협력하도록 유도함으로써 얻어진 것이다.

요약하자면, 간디는 기적을 이루어낸 것이다. 2억 명이 넘는 사람들이 무한의 시간 동안 서로 조화를 이루도록 강요되는 것이 아니라 유도될 수 있다는 기적 말이다. 이 기적에 의구심이 든다면 당신이 직접 무작위로 두 사람을 골라 얼마 동안의 시간이라도 좋으니 서로 조화를 이루어 협력하도록 유도해보라.

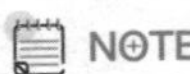

오늘 내가 할 일

오늘 내가 한 일

September +

14

신성의 지혜

비즈니스를 운영하는 사람이라면 종업원들이 조화로움을 흉내라도 내면서 서로 협력하도록 만드는 일이 얼마나 어려운 것인지 잘 알고 있을 것이다.
그런 힘이 얻어질 수 있는 주요 원천을 목록으로 정리하면 신성의 지혜가 첫 번째로 꼽힐 것이다. 두 사람 이상이 조화의 정신으로 협력하여 명확한 목적 달성을 함께 도모할 때 그들은 보편적인 힘의 원천으로부터 직접 그 힘을 흡수할 수 있는 위치에 서 있게 된다. 이것은 모든 힘의 원천 중에서도 으뜸이다. 이것이 바로 천재들의 시선이 머무는 힘의 원천이자 의식적으로든 무의식적으로든 모든 위대한 리더들이 선호하는 힘의 원천이기도 하다.

NOTE

오늘 내가 할 일

오늘 내가 한 일

September 

15 인간의 오감보다 신뢰할 수 있는 것

힘의 축적을 위해 필요한 지식을 습득할 수 있는 나머지 두 가지 주요 원천은 인간이 가진 오감보다 더 신뢰할 수 없다. 인간의 오감도 언제나 신뢰할 수 있는 것은 아니다. 신성의 지혜는 실수를 범하는 법이 없다.

 NOTE

오늘 내가 할 일

오늘 내가 한 일

September

16

돈에 대한 구애

돈이란 처녀 시절만큼이나 수줍음 많고 찾아내기 어려운 것이다. 단단히 마음먹은 남자가 자신이 선택한 처녀에게 하던 것과 다르지 않은 방법으로 구애하고 쟁취해야만 손에 넣을 수 있다. 돈에 대한 구애를 펼칠 때 사용하는 힘이 처녀에게 구애할 때 사용하는 힘과 크게 다르지 않다는 것은 과연 우연일까. 그 힘이 돈을 좇아가는데 성공적으로 사용되기 위해서는 신념과 혼합되어야 한다. 그것은 열망과 인내와도 혼합되어야 하고 계획을 통해 적용되어야 한다. 그리고 그 계획은 반드시 행동으로 옮겨져야 한다.

NOTE

오늘 내가 할 일

오늘 내가 한 일

September 

17

부의 흐름

소위 큰 돈(the big money)이라고 하는 한순간에 몰려오는 부는 마치 물이 아래로 흐르는 것만큼이나 손쉽게 부를 축적하는 사람에게로 흘러들어간다. 여기에는 눈에 보이지 않는 엄청난 힘이 존재한다. 거대한 강줄기의 흐름과 비교할 수 있겠지만 이 힘은 각각 다른 방향으로 흐르는 두 갈래가 있다는 점이 다르다. 한쪽 방향은 그 흐름에 동승한 모든 사람들을 부를 향해 앞으로, 위로 나아가도록 만든다. 반대쪽 방향의 흐름은 불행과 가난으로 떨어지게 한다. 그 흐름에 동참한 지독히 운이 나쁜 모든 사람과 그곳으로부터 스스로 탈출하지 못한 불행한 사람들을 모두 태우고 말이다.

 NOTE

오늘 내가 할 일

오늘 내가 한 일

September 

18

인생에는 흐름이 존재한다

부의 축적에 성공한 사람이라면 누구나 인생의 흐름이 존재한다는 것을 인지하고 있으며, 그것은 개인의 사고 과정을 구성하는 것이다. 생각의 긍정적 감정은 부를 축적할 수 있는 방향으로 데리고 가는 흐름을 만든다. 반대로 부정적인 감정은 가난으로 떨어지는 흐름을 만든다.

만약 지금 당신이 가난으로 떨어지는 쪽의 힘의 흐름에 동참하고 있다면, 이것으로 노를 삼아 반대편 흐름으로 갈아탈 수 있을 것이다. 그것은 오직 실천을 통해서만 가능하다. 단순히 책을 읽는 것에 그치거나 판단을 내리는데서 끝나버린다면 어떤 형태로든 자신에게 혜택이 주어질 수 없다.

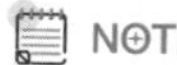

오늘 내가 할 일

오늘 내가 한 일

September

19

긍정적인 감정의 흐름에 옮겨 타라

어떤 사람들은 감정의 긍정적인 흐름과 부정적인 흐름 사이를 왔다 갔다 하는 경험을 하기도 한다. 20세기 말 전 세계적 경제불황으로 말미암아 긍정적인 감정의 흐름에서 부정적인 흐름으로 순식간에 휩쓸린 사람은 그 수를 헤아리기가 힘들다. 그들은 다시 긍정적인 감정의 흐름으로 옮겨가기 위해 안간힘을 쓰고 있으며 그중 몇몇은 자포자기하거나 두려움을 느끼기도 한다. 이 책은 그런 이들을 위한 것이다.

 NOTE

오늘 내가 할 일

오늘 내가 한 일

September 

20 가난과 부의 차이

가난과 부는 수시로 그 자리를 바꾼다. 세계적 경제 위기는 세상 사람들에게 그 진실을 알려주었지만, 그들은 더 이상 그 교훈을 기억하지 않을 것이다. 가난은 대개 자발적으로 부의 위치를 차지한다. 부가 가난의 자리를 차지할 때는 훌륭한 계획과 그것의 신중한 실행을 통해 변화가 나타나는 것이 일반적이다. 가난은 어떠한 계획도 필요로 하지 않는다. 다른 어떤 도움이나 지원도 필요 없다. 왜냐하면 그것은 대담하면서도 무자비하기 때문이다. 부는 수줍음이 많고 소심하기 때문에 끌어 당겨줘야 한다.

누구나 부자가 되고 싶어 하지만, 부자가 되기 위한 명확한 계획과 불타는 열망만이 부를 축적할 수 있는 유일하고도 확실한 방법이라는 사실을 알고 있는 사람은 극히 소수에 불과하다.

오늘 내가 할 일

오늘 내가 한 일

September 

21 동맹을 형성하고 조화롭게 협력하라

마스터 마인드란 주어진 과업의 성공을 위해 두 사람 이상이 동맹을 형성하고 조화롭게 협력하는 과정에서 만들어지는 마음이다.

영업 분야의 비즈니스에 종사하고 있다면 일상적인 업무에서 이 마스터 마인드 원리를 유익하게 적용해 볼 수 있을 것이다. 6명 혹은 7명으로 이루어진 영업팀에서 마스터 마인드 원리가 가장 효율적으로 적용될 수 있고 영업 실적이 믿을 수 없을 만큼 상승할 수 있다는 것이 입증된 바 있다.

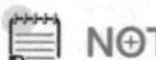

오늘 내가 할 일

오늘 내가 한 일

September 

22

아이디어와 사고의 자극을 끌어들여라

두 사람 이상의 조화로운 마음이 마스터 마인드로 알려진 효과를 만들어낼 때 각각의 구성원은 팀 내 모든 구성원의 잠재의식에 접촉하고 그것을 통해 지식을 수집할 수 있는 힘을 이미 획득한 것이다. 더 높은 진동으로 마음을 자극하는 효과를 느낄 수 있거나, 아니면 더 생생한 상상력과 흔히 말하는 육감에 대한 자각 형태로 그 존재를 증명하기 때문에 이 힘은 즉각적으로 인지할 수 있다. 새로운 아이디어가 마음속에서 번개처럼 떠오르는 것도 육감을 통해 가능한 것이며, 그 아이디어는 현재 마음을 지배하고 있는 생각의 특성과 형태를 그대로 좇아간다. 만약 팀 전체가 주어진 주제에 대한 토론을 목적으로 구성되었다면 그 주제와 연관된 아이디어들이 팀 전체의 마음속으로 쏟아질 것이다. 마치 외부의 영향력으로부터 명령이라도 받은 것처럼. 마스터 마인드에 참여하고 있는 사람들의 마음이 자석으로 변해 고도로 체계화되고 현실적 특성을 가진 아이디어와 사고의 자극을 끌어들이게 된다. 하지만, 어디에서부터 끌어들이는지는 아무도 모른다.

오늘 내가 할 일

오늘 내가 한 일

September 

23 마음에 화학작용을 일으켜라

마스터 마인드에서 설명하고 있는 마음의 혼합 과정은 다수의 전지를 한 개의 전선에 연결하여 전선을 타고 흐르는 힘을 증가시키는 행위와 비교할 수 있다. 각각의 전지는 그것이 보유하고 있는 에너지의 양만큼 전선에 흐르는 힘을 증가시키는 것이다. 마음을 혼합하는 마스터 마인드의 경우도 마찬가지다. 한 사람의 마음은 마음의 화학작용이라는 원리에 의해 그 힘이 우주의 보편적 에너지, 즉 우리를 둘러싸고 있는 공기를 관통하거나 접촉할 수 있을 정도로 강력해질 때까지 팀의 모든 구성원들의 마음을 자극하고 결국에는 우주 전체의 모든 원자들과 접촉하게 된다.

 NOTE

오늘 내가 할 일

오늘 내가 한 일

September 

24

할 수 있다고 믿으면 할 수 있는 것이다

자신이 할 수 있다고 믿는다면 할 수 있는 것이다. 지금까지 많은 실패를 경험했는가? 그렇다면 얼마나 다행인가. 이제 당신은 하면 안 되는 몇 가지 것들은 분명히 알게 되었다.

오늘 내가 할 일

오늘 내가 한 일

September 

25 진정한 지혜는 마스터 마인드로부터 나온다

수많은 사람들이 자신은 지혜로운 사람이라고 믿으며 산다. 그들 대부분이 분명 지혜를 갖고 있지만 초급 수준의 지혜일 뿐이며, 마스터 마인드의 도움 없이 진정한 지혜를 가질 수 있는 사람은 절대 없다. 그리고 마스터 마인드는 두 사람 이상의 마음이 조화롭게 혼합되는 것 외에 다른 방법으로는 만들어질 수 없다.

두 사람 혹은 그 이상(12명 혹은 13명의 구성원이 가장 적절한 숫자로 생각된다)의 마음이 조화롭게 혼합되지 않는다면 주변을 둘러싼 공기의 진동을 감지(tune in)하고 그것으로부터 어떤 주제든 유사한 생각들을 포착할 수 있는 능력을 갖춘 마음을 만들어낼 수도 있을 것이다.

 NOTE

오늘 내가 할 일

오늘 내가 한 일

September 

26

천재라고 불리는 이유

소위 천재라고 불리는 사람들이 우연이든 아니든 그런 평판을 얻은 이유는, 그들이 동맹을 형성한 팀으로 인해 마음의 진동이 증폭되어 우주 속에 기록되고 보관된 거대한 지식의 사원에 접속할 수 있게 되었기 때문이다.

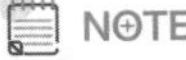

오늘 내가 할 일

오늘 내가 한 일

September 

27 자신의 마음과 조화를 이루는 사람을 가까이하라

비즈니스나 금융, 산업 혹은 어떤 직업에서라도 두드러진 성공사례를 조사해보면, 그 성공의 이면에는 마음의 화학작용의 원리를 적용한 개인이 있다는 확신을 갖게 될 것이다. 그 마음의 화학작용을 통해 마스터 마인드가 만들어진다. 이와 같은 두드러진 성공은 대개 한 사람의 간단한 작업의 결과로 보일 수도 있지만, 좀 더 자세히 들여다본다면 그 사람의 마음과 조화를 이루고 있는 또 다른 사람들을 발견할 수 있을 것이다.

두 사람 이상이라면 마스터 마인드를 만들어내기 위한 마음의 화학작용의 원리를 사용할 수 있을 것이다.

 NOTE

오늘 내가 할 일

오늘 내가 한 일

September 

28 노력을 조화롭게 조직화하라

인간이 가진 힘은 체계화된 지식이 지적 노력을 통해 표현된 것이다. 각 구성원들이 자신의 지식과 에너지를 완벽한 조화의 정신으로 조직화하려는 노력을 기울이지 않는다면 노력 그 자체만으로는 체계화되었다고 볼 수 없다. 노력을 조화롭게 조직화하는 일을 제대로 수행하지 못하는 것이 실제로 모든 비즈니스적 실패의 주요 원인이다.

 NOTE

오늘 내가 할 일

오늘 내가 한 일

September 

29 지식에 의해서만이 진정한 힘이 생겨난다

신문을 펼치면 거대한 자원을 단일 관리 체제 밑에 두어 엄청난 힘을 만들어내는 이른바 비즈니스나 산업 혹은 금융 분야의 합병 소식에 먼저 눈길을 주지 않고서는 오늘의 뉴스를 읽기 힘들 정도다.

오늘은 은행들의 합병 소식이 있고 또 다른 날은 철도 회사 그리고 그다음 날은 제강 공장들의 연합 등, 이 모두가 고도로 체계화되고 조직화된 노력을 통해 이루어지는 힘을 목적으로 한 합병이다.

일반적이고 체계화되어 있지 않은 지식은 힘이 아니다. 그것은 다만 잠재적 힘에 지나지 않을 뿐이며, 지식에 의해 만들어지는 자료에서 진정한 힘이 만들어질 수 있다.

오늘 내가 할 일

오늘 내가 한 일

September

30

조화 없는 마스터 마인드는 존재할 수 없다

조화(harmony)의 정신으로 협력을 가장하는 마스터 마인드 팀에서 그것이 하루아침에 버섯처럼 쑥쑥 솟아난다고 생각하면 오산이다.

조화란 마스터 마인드라고 불리는 마음의 상태를 이루는 핵심이다. 조화의 요소가 없다면 마스터 마인드도 없다. 아무리 반복해도 지나치지 않을 진실이다.

오늘 내가 할 일

오늘 내가 한 일

성 에너지는 모든 천재들이 사용하는 창의적인 힘이다.

THE MYSTERY OF SEX TRANSMUTATION

October

10

성 에너지 변환의 비밀

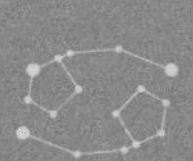

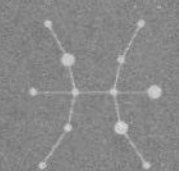

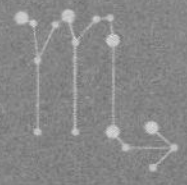

October

+

성에 대한 강한 열망은 천재를 만들어낸다

성에 대한 열망은 인간의 열망 중에서 가장 강력하다. 성에 대한 열망이 주도적 힘으로 작용할 때 상상력과 용기, 의지력, 인내력과 창의적 능력 등이 더 예리하게 다듬어진다. 사람들은 성적 열망을 충족시키는 일에 자신의 인생을 걸기도 하고 평생 쌓아온 평판에 흠집을 내는 위험을 기꺼이 감수하기도 한다. 이처럼 강력한 동기부여 요인이 되는 성적 열망은 다른 종류의 감정들과 더불어 새롭게 방향을 설정하고 활용될 때 예리한 상상력이나 용기와 같은 본래의 속성들을 온전히 유지할 수 있다.

성 에너지의 변환은 확고한 의지력을 필요로 한다. 그리고 그 보상은 기울인 노력만큼 충분히 가치가 있다. 성적 표현의 열망은 타고나는 것이며 자연스러운 것이다. 그 열망은 억제되거나 제거되어서는 안 되며 그렇게 될 수도 없다. 다행스러운 사실은 창의적인 노력을 통해 자신의 성적 감정에 분출구를 제공하는 방법을 발견했던 사람은 그 발견으로 인해 천재의 경지에 이르렀다는 것이다.

성적 습관의 무절제는 음주와 식생활에서의 무절제한 습관만큼이나 해롭다. 창의적 상상력이 소멸되어가는 상황에서 그 힘을 제대로 사용할 수 있는 사람은 없기 때문이다.

사람의 마음은 자극에 반응한다. 그중에서도 가장 강력하고 뛰어난 자극이 바로 성적 욕구다. 제대로 사용되고 변환된다면 평범한 차원의 사고 활동에서 자신을 괴롭히는 근심과 불안의 근원을 정복할 수 있도록 만드는 더 높은 차원의 사고 활동으로 상승시킬 수도 있는 원동력이 되는 것이 성적 욕구다. 하지만 불행하게도 그 사실을 깨달은 사람은 천재들뿐이다.

천재가 되는 길은 성과 사랑 그리고 로맨스를 개발하고 조절하며 그것을 사용하는 행위로 이루어진다. 의지력으로 마음을 조절하는 것은 결코 어려운 일이 아니다. 조절은 인내와 습관을 통해 가능하며 조절 능력의 비밀은 바로 성 에너지의 변환 과정에 대한 이해에 있다.

성적 에너지는 모든 천재들이 사용하는 창의적 에너지다. 위대한 리더나 건축가, 예술가 중에는 이런 성적 에너지가 부족한 사람은 하나도 없었고 앞으로도 없을 것이다. 자신의 마음을 자극하여 창의적 상상력을 통해서만 가능한 힘을 사용할 수 있을 때, 비로소 천재의 경지에 도달했다고 할 수 있다. 그렇지만 단순히 그 에너지를 소유하고 있는 것만으로는 천재가 될 수 없다. 그 에너지는 반드시 육체적 접촉에 대한 열망에서 다른 형태의 열망과 행동으로 변환되어야만 한다. 성적 감정의 육체적 표현에 대한 지나친 탐닉은 에너지를 소멸시키는 경향이 있기 때문이다.

October 

1

성 에너지의 잠재력

변환(transmute)이라는 단어의 사전적 의미는 하나의 요소 혹은 형태의 에너지가 또 다른 에너지로 변화하거나 이동하는 것이다. 성의 감정은 마음의 상태와 의미를 같이 한다. 성의 감정을 무시하면 이러한 마음의 상태는 대개 육체적인 것과 연관되고 성에 대한 지식을 습득하는 과정에서 대부분의 사람은 부적절한 영향력에 노출되어 있기 때문에 근본적으로 육체적일 수밖에 없는 성의 감정에 대해 상당한 편견을 갖게 되는 것이다.

성의 감정 이면에는 세 가지의 건설적 잠재력이 존재한다.

1. 인류의 보전
2. 건강 유지(치료 방법의 차원에서 본다면 성의 감정에 필적할 만한 것은 없다.)
3. 변환과정을 통해 평범한 사람을 천재로 변신시키는 능력

오늘 내가 할 일

오늘 내가 한 일

October

2

성에 대한 열망

성 에너지의 변환은 아주 단순한 것이며 어렵지 않게 설명될 수 있다. 그것은 육체적 표현에 관한 생각에서 다른 속성의 생각으로 마음을 전환하는 것을 의미한다.

성에 대한 열망은 인간의 열망 중에서 가장 강력하다. 성에 대한 열망이 주도적 힘으로 작용할 때 남성의 상상력과 용기, 의지력, 인내력과 창의적 능력 등이 더 예리하게 다듬어진다. 이것은 다른 때에는 인지하지 못하는 것이기도 하다.

오늘 내가 할 일

오늘 내가 한 일

October

3

성에 대한 열망은 강력한 창의적 힘의 근원이다

성적 접촉에 대한 열망은 매우 강력하고 격한 감정이다. 사람들은 그것을 충족시키는 일에 자신의 인생을 걸기도 하고 평생 쌓아온 평판에 흠집을 내는 위험을 기꺼이 감수하기도 한다. 이와 같이 강력한 동기부여 요인이 되는 성에 대한 열망은 다른 종류의 감정들과 더불어 새롭게 방향을 설정하고 활용될 때 예리한 상상력이나 용기와 같은 본래의 속성들을 온전히 유지할 수 있다. 문학이나 예술 또는 어떤 직업 분야에서라도 강력한 창의적 힘으로 사용될 수 있는 본래의 속성들 말이다. 물론 여기에는 부의 축적도 포함된다.

 NOTE

오늘 내가 할 일

오늘 내가 한 일

October 

4

성 에너지의 변환에는 확고한 의지가 필요하다

성 에너지의 변환은 확고한 의지력을 필요로 한다. 그리고 그 보상은 기울인 노력만큼 충분히 가치가 있다. 성적 표현의 열망은 타고나는 것이며 자연스러운 것이다. 그 열망은 억제되거나 제거되어서는 안 되며 그렇게 될 수도 없다. 그러나 반드시 남성의 몸과 마음, 영혼을 풍요롭게 만드는 표현의 형태로 표출할 수 있는 대안이 주어져야 한다. 이런 형태의 분출구가 제공되지 않는다면 순전히 육체적인 경로를 통해 분출하려 할 것이다.

 NOTE

오늘 내가 할 일

오늘 내가 한 일

October 

5

창의적 노력으로 성 에너지를 분출하라

강을 댐으로 막고 일정 기간은 흐름을 통제할 수도 있겠지만 결국에는 흘러가는 것이 물이다. 성적 감정 또한 마찬가지다. 얼마 동안은 억제되고 통제될 수 있을지 몰라도 그것이 갖고 있는 본래의 속성으로 인해 어떤 식으로든 표현의 수단을 찾으려 한다. 창의적 노력으로 변환되지 못한다면 그보다 훨씬 무의미한 분출구를 선택할 것이다.

다행스러운 사실은 창의적인 노력을 통해 자신의 성적 감정에 분출구를 제공하는 방법을 발견했던 사람은 그 발견으로 인해 천재의 경지에 이르렀다는 것이다.

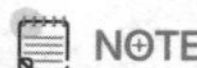

오늘 내가 할 일

오늘 내가 한 일

October

6

성 에너지에 대한 과학적 사실

과학적 연구는 다음과 같은 중대한 사실들을 발견했다.

1. 위대한 업적을 남긴 사람들은 성적 본성이 고도로 발달한 사람들이다. 그들은 성 에너지 변환의 기술을 습득했다.
2. 엄청난 부를 축적했거나 문학과 예술, 산업, 건축, 전문분야에서 인정받은 남성에게 동기부여의 요인으로 작용한 것은 다름 아닌 여성의 영향력이다.

이와 같은 놀라운 사실을 발견한 연구는 2,000년 이상 거슬러 올라간 전기와 역사를 되짚어보는 과정이었다. 자신의 삶에서 위대한 업적을 이루어낸 사람들과 연관된 증거가 있다면 그것은 곧 그들이 고도로 발달된 성적 본성을 소유하고 있었다는 반증이었다.

오늘 내가 할 일

오늘 내가 한 일

October

7

성 에너지의 변환

성적 감정은 저항할 수 없는 힘(irresistible force)이며, 움직일 수 없는 상대(immovable body)란 존재하지 않는다. 이 감정의 지배를 받을 때 인간은 초인적인 능력을 발휘한다. 이것을 분명히 인지한다면 성 에너지의 변환으로 천재의 경지에 오를 수 있다는 말의 중대한 의미를 깨닫게 될 것이다.

 NOTE

오늘 내가 할 일

오늘 내가 한 일

October 

8

창의력의 비밀을 가진 성 에너지

성적 감정은 창의력의 비밀을 내포하고 있다. 성 에너지의 샘을 파괴한다면 그 대상이 인간이든 야수이든 간에 행동하는 힘의 주요 원천을 제거한 것이나 다름없다.

거세한 동물에게 어떤 변화가 일어나는지 관찰해본다면 이 말을 입증할 수 있을 것이다. 성 기능을 상실한 황소는 암소만큼이나 유순하고 고분고분해진다. 성적 개조는 그 대상이 인간이든 야수든 간에 남성으로부터 투쟁의 본능을 빼앗는 것이다. 물론 여성에 대한 성적 개조도 같은 효과를 보인다.

 NOTE

오늘 내가 할 일

오늘 내가 한 일

October

9

마음을 자극하는 것들

사람의 마음은 열정이나 창의적 상상력, 불타는 열망과 같은 높은 비율의 진동에 맞춰 조정된 디음과 같은 자극에 반응한다.

1. 성적 표현의 열망
2. 사랑
3. 명예, 권력 혹은 재정적 이익이나 돈에 대한 불타는 열망
4. 음악
5. 동성 혹은 이성 간의 우정
6. 영적 차원의 성취 혹은 일시적인 성취를 목적으로 두 사람 이상의 동맹과 조화에 기초한 마스터 마인드 동맹
7. 함께 박해를 받은 경험과 같이 고통을 공유하는 것
8. 자기암시
9. 두려움
10. 마약과 알코올

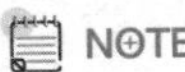

오늘 내가 할 일

오늘 내가 한 일

October 

10 성적 감정은 가장 격렬한 마음의 자극이다

자극의 목록에서 첫 번째에 위치한 성적 표현의 열망은 마음의 진동을 가장 효과적으로 상승시키며 물리적 행동의 바퀴를 작동시키는 힘이다. 그중 8가지는 자연스럽고도 건설적인 자극이고 두 가지는 파괴적인 자극이다. 여기에서 그 목록을 제시하는 목적은 마음을 자극하는 주요 원천을 비교 분석해보도록 하는 데 있다. 그것을 통해 비록 터무니없을지라도 성적 감정이야말로 가장 격렬하고도 강력한 마음의 자극이라는 사실을 쉽게 수용할 수 있을 것이다.
성 에너지의 변환으로 천재의 경지에 오른다는 말을 입증한 토대를 쌓기 위해서라도 이러한 비교 분석은 필요하다.

오늘 내가 할 일

오늘 내가 한 일

October

11 천재는 무엇으로 이루어지는가

천재는 무엇으로 이루어지는지 살펴보도록 하자.
유식한 척하는 어떤 사람은 천재를 가리켜 '머리를 길게 기르고 괴상한 음식을 먹으며, 농담 좋아하는 사람들의 표적이 되는 외톨이'라고 했다. 그보다 나은 방식으로 천재를 정의한다면 '일상적인 사고의 진동으로는 이용할 수 없는 지식의 원천과 직접적으로 자유롭게 소통하는 경지에 이를 정도로 사고의 진동을 상승시킨 사람'을 말한다.

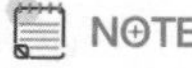

오늘 내가 할 일

오늘 내가 한 일

October
12

성 에너지를 열정과 결단력으로 바꾸어 사용하라

성적 감정을 자제하고 그것을 영업을 위한 노력으로 방향 전환하여 원래의 목적을 위해 동원했을 법한 열정과 결단력으로 그 힘을 사용하는 방법을 알고 있는 영업사원이라면 의식적으로든 무의식적으로든 성 에너지 변환의 기교를 이미 습득한 사람이다.

성 에너지의 변환 방법을 알고 있는 대다수의 영업사원은 자신들이 그렇게 하고 있는지 그리고 어떻게 하는 것인지 자각하지 못하고 있다.

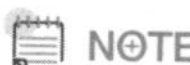

오늘 내가 할 일

오늘 내가 한 일

October 

13 육감은 창의적 상상력이다

천재는 육감을 통해 개발된다. 육감의 실재는 꽤 확고히 자리를 잡고 있다. 육감은 창의적 상상력이다. 창의적 상상력의 기능은 대부분의 사람들이 평생 동안 한 번도 사용하지 않는다. 만약 사용한다면 그것은 사고와 같은 의도하지 않은 상황일 것이다. 비교적 소수의 사람들만이 의도적으로 목적의 달성을 위해 사용하는 것이 창의적 상상력이다. 이와 같은 힘의 기능을 이해하고 있으면서 자의에 의해 그것을 사용하는 사람이 바로 천재다.

NOTE

오늘 내가 할 일

오늘 내가 한 일

October 

14

창의적 상상력의 기능

창의적 상상력의 기능은 인간의 유한한 마음과 무한한 신성의 지혜 사이를 직접적으로 연결해주는 것이다. 종교에서 말하는 계시와 혁신의 결과로 얻어지는 기본적 법칙 및 새로운 원칙의 발견은 모두 창의적 상상력의 기능으로 인해 가능하다.

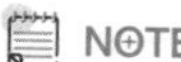

오늘 내가 할 일

오늘 내가 한 일

October

15

직감의 원천

아이디어나 개념이 마음속에서 섬광처럼 스치는, 흔히 직감(hunch)이라고 하는 것은 다음과 같은 원천으로부터 시작된다.

1. 신성의 지혜
2. 오감을 통해 두뇌에 도달한 반복적 생각이나 감각 정보가 저장되어 있는 잠재의식
3. 방금 생각을 표현한 다른 사람의 마음 혹은 의식적인 사고를 통해 떠올린 아이디어나 개념의 형상
4. 다른 사람의 잠재의식

영감이 충만한 아이디어 혹은 직감의 원천으로 알려진 것은 더 이상 없다.

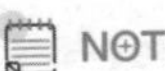

오늘 내가 할 일

오늘 내가 한 일

October 

16

마음의 자극은 두뇌활동을 상승시킨다

창의적인 상상력은 (어떤 형태의 자극에 의해) 마음이 아주 빠른 속도로 진동하고 있을 때 그 기능을 최대한 발휘한다. 그것은 마음이 평범하고 정상적인 사고의 진동보다 높은 강도로 진동하고 있을 때를 의미한다.

마음을 자극하는 10가지 자극제 중 한 개 혹은 그 이상을 통해 두뇌활동이 자극받게 되면 평범한 사고 수준을 훨씬 능가하는 단계로 상승시키는 효과가 있으며, 이전에는 가능하지 않았던 사고의 거리와 범위, 질적 측면을 한눈에 그려볼 수 있도록 만든다. 예를 들면 비즈니스상의 문제점이나 전문 분야의 문제점을 놓고 해결책을 찾는 데 열중하고 있을 때가 바로 그런 자극이 될 것이다.

오늘 내가 할 일

오늘 내가 한 일

October 

17

마음의 자극제 효과

어떤 형태로든 마음의 자극제를 통해 일정 수준의 진동에 이르면 마치 비행기에 몸을 싣고 시야의 한계점을 넘어서는 고도까지 상승한 위치에 있는 것과 같다. 나아가 더 높은 경지에 도달한 사람은 살아가는 데 기본적으로 필요한 의식주를 해결하려고 애쓰는 동안 억제되고 제한되었던 그 어떤 자극제로부터도 방해받거나 구속되지 않는다.

비행기의 고도가 높아질수록 물리적 시야를 가로막는 언덕과 계곡 그리고 다른 한계 상황이 자연스럽게 극복되는 것만큼이나 효과적으로 평범하고 일상적인 생각들이 완전히 사라진 세계에 그 사람은 존재하게 되는 것이다.

오늘 내가 할 일

오늘 내가 한 일

October 

18 창의적 능력을 반복적으로 사용하라

높은 사고의 경지에 머무는 동안 마음속의 창의적 능력은 행동의 자유를 만끽한다. 육감이 기능을 발휘하기 위한 모든 준비가 완료되었으며 다른 어떤 상황에서도 도달할 수 없었던 아이디어에 대한 수용적 태도로 바뀌는 것이다. 육감이란 천재와 보통사람을 구분하는 능력이다.

창의적 능력은 더 예민해지고 잠재의식의 외부로부터 유입되는 진동에 대해서도 더 수용적으로 변한다. 이와 같은 능력은 사용하면 할수록 그에 대한 의존도가 높아지게 되고 더 많은 반복적 사고를 요구한다. 창의적 능력은 오직 그것을 사용할 때만 길러질 수도 또 개발될 수도 있다.

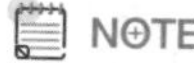

NOTE

오늘 내가 할 일

오늘 내가 한 일

October 

19 내면의 목소리에 귀 기울여라

흔히 양심(conscience)이라고 알고 있는 마음은 전적으로 육감의 능력을 통해 움직인다.
예술가나 작가, 음악가나 시인들이 위대해질 수 있었던 것은 그들이 창의적 상상력을 통해 자신의 내면에서 들려오는 낮은 목소리에 의존하는 습관을 습득했기 때문이다. 최고의 아이디어가 이른바 육감을 통해 전달된다는 것은 예리한 상상력의 소유자들 사이에서는 이미 잘 알려진 사실이다.

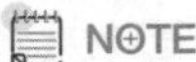

오늘 내가 할 일

오늘 내가 한 일

October 20

내면의 아이디어를 사용하라

두 눈을 감고 온전히 자신의 창의적 상상력에 의존하기 전까지는 훌륭하다고 인정받지 못했던 웅변가가 있다. 웅변의 정점을 앞두고 항상 두 눈을 감는 이유를 묻는 질문에 그는 이렇게 대답했다.

"내가 눈을 감는 이유는 그렇게 하면 나의 내면에서 나오는 아이디어를 통해 연설할 수 있기 때문입니다."

한편, 미국에서 가장 잘 알려진 성공한 한 금융가는 의사결정 직전 2~3분 동안 두 눈을 감는 습관을 갖고 있었다. 그렇게 하는 이유를 물었을 때 그는 대답했다.

"두 눈을 감은 상태에서 나는 우수한 지능의 원천을 이용할 수 있기 때문입니다."

 NOTE

오늘 내가 할 일

오늘 내가 한 일

October 

21 자신의 마음과 소통하라

엘머 게이츠(Elmer R. Gates)는 창의적 능력을 키우고 사용하는 과정을 통해 200여 가지가 넘는 유용한 특허를 만들어 냈다. 그의 방식은 매우 중요하면서도 동시에 아주 흥미로운 것이다.

그의 실험실에는 자신과의 소통의 방이라는 공간이 마련되어 있다. 작은 테이블 위에 간단한 필기도구만 있는 별도의 방이다. 게이츠는 자신의 창의적 상상력을 발휘하고 싶을 때마다 이 공간으로 들어가 불을 모두 끄고 테이블 앞에 앉아 진행 중인 연구와 관련해 이미 알고 있는 사실에 생각을 집중한다. 그리고 그때까지 모르고 있던 사실과 연결된 아이디어가 마음속에서 섬광처럼 번뜩일 때까지 그 공간에 머무른다. 그후 자신이 적은 메모를 찬찬히 들여다보다가 지금까지 과학계에서 알려진 데이터가 전혀 없는 새로운 원리에 대한 상세한 묘사가 포함된 것을 발견하게 되었다고 한다. 나아가 해결하지 못했던 문제에 대한 해답이 그 메모 속에 너무나 지적으로 해석되어 있기도 했다.

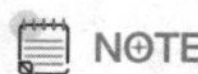

오늘 내가 할 일

오늘 내가 한 일

October 

22

창의적 능력을 통해 유입된 아이디어를 활용하라

추리 능력은 오류를 범하는 경우가 많다. 그것은 전반적으로 개인의 축적된 경험에 의존한 것이기 때문이다. 경험(experience)을 통해 축적한 지식이 모두 정확한 것만은 아니다. 창의적 능력을 통해 유입된 아이디어가 훨씬 더 믿을 수 있다. 그것은 추리 능력의 원천이 되는 것보다 훨씬 더 믿을만한 원천에 기인하기 때문이다.

천재와 평범한 괴짜 발명가 사이의 중요한 차이점은 천재는 자신의 창의적 상상력을 활용하고 괴짜 발명가는 창의적 상상력이 무엇인지조차 모른다는 사실에서 찾을 수 있다. 과학적 발명가들은 인위적 상상력과 창의적 상상력 두 가지를 모두 활용한다.

오늘 내가 할 일

오늘 내가 한 일

October

23

지식의 원천을 이용하는 과정

과학적 발명가 혹은 천재는 인위적 상상력, 즉 추리 능력을 활용하여 경험을 통해 이미 알고 있는 아이디어나 원리들을 체계화하고 조합하는 방법으로 발명을 시작한다. 그렇게 축적된 지식이 자신의 발명을 위해 충분하지 않다고 판단되면 창의적 상상력을 통해 닿을 수 있는 지식의 원천을 이용하는 것이다. 개인에 따라 차이가 있지만 그 과정을 요약해보면 대개 이렇다.

1. 자신이 선택한 자극제 혹은 마음을 자극하는 10가지 자극제 중 한 가지 혹은 두 가지 이상을 사용하여 보통 이상의 수준으로 진동할 수 있도록 마음을 자극한다.
2. 이미 알고 있는 사실(완성된 부분)에 집중하면서 아직 모르는 사실(미완성 부분)에 대한 완벽한 그림을 마음속에서 만들어낸다. 잠재의식이 그 그림을 받아들일 때까지 그림이 그려진 상태를 그대로 유지하고 있다. 일단 잠재의식으로 전달된 후에는 마음속에서 모든 생각을 지우고 자신이 원하는 해답이 섬광처럼 번뜩이며 스쳐가기를 기다린다.

경우에 따라서는 명확하고도 즉각적인 결과를 얻기도 하지만 육감(sixth sense) 혹은 창의적 능력의 정도에 따라 부정적인 결과를 얻을 때도 있다.

NOTE

오늘 내가 할 일

오늘 내가 한 일

October 

24

위대한 리더의 원천

창의적 상상력의 능력이 존재한다는 것을 증명한 믿을 만한 증거들은 아주 많다. 자신의 분야에서 광범위한 교육을 받은 적도 없으면서 리더의 자리에 오른 사람들을 정확하게 분석해보면 쉽게 찾을 수 있는 증거들이다.

링컨은 자신의 창의적 상상력을 발견하고 그것을 활용하는 것으로 훌륭한 업적을 남긴 위대한 리더의 표본이다. 그가 창의적 상상력을 발견하고 사용하기 시작한 것은 앤 러틀리지를 만난 후 경험한 사랑의 자극이 만들어 낸 결과물이며 이 사실은 천재의 원천에 대한 연구와 관련해서도 매우 중대한 부분을 차지한다.

오늘 내가 할 일

오늘 내가 한 일

October 

25

성에 지나치게 탐닉하지 마라

성적 습관의 무절제는 음주와 식생활에서의 무절제한 습관만큼이나 해롭다. 창의적 상상력이 소멸되어가는 상황에서 그 힘을 제대로 사용할 수 있는 사람은 없기 때문이다. 이런 관점에서 본다면 인간은 자연이 의도한 원래 목적을 거스르는 유일한 생명체다. 다른 모든 동물은 그들의 성적 본능을 자연의 법칙과 조화를 이루며 목적에 맞게 적절히 사용한다. 동물들은 교미기에만 성적 본능에 반응하지만, 인간은 무제한에 가까운 성적 흥분기를 지닌다.

지능을 가진 사람이라면 누구나 알코올과 마약의 지나친 자극이 두뇌를 포함한 신체의 주요 기관을 파괴한다는 것을 잘 알고 있다. 그러나 성에 대한 지나친 탐닉이 창의적 상상력에 미치는 영향이 마약이나 술만큼 파괴적이며 해로운 습관이라는 사실을 알고 있는 사람은 많지 않다.

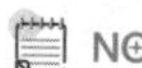

오늘 내가 할 일

오늘 내가 한 일

October

26

성적 욕구를 더 높은 차원의 사고로 상승시켜라

사람의 마음은 자극에 반응한다. 그중에서도 가장 강력하고 뛰어난 자극이 바로 성적 욕구다. 제대로 사용되고 변환된다면 평범한 차원의 사고 활동에서 자신을 괴롭히는 근심과 불안의 근원을 정복할 수 있도록 만드는, 더 높은 차원의 사고 활동으로 상승시킬 수 있는 원동력이 되는 것이 성적 욕구이다.

불행하게도 그 사실을 깨달은 사람은 천재들뿐이다. 보통사람들은 그것이 갖고 있는 중요한 잠재력을 발견하지 못한 채 오로지 성적 욕구의 경험을 그대로 수용했다. 그것이 소수의 천재보다 보통사람의 수가 월등히 많은 이유다.

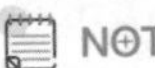

오늘 내가 할 일

오늘 내가 한 일

October

27

의지력으로 마음을 조절하라

천재가 되는 길은 성과 사랑 그리고 로맨스를 개발하고 조절하며 그것을 사용하는 행위로 이루어진다. 요약하자면 다음과 같은 절차로 진행된다고 할 수 있다.

이런 감정이 마음속에 있는 지배적 생각이 되도록 하며 동시에 모든 파괴적 감정이 자리 잡지 못하도록 한다. 사람의 마음은 습관의 피조물이며 주어지는 지배적 생각에 의해 자라난다. 자신의 의지력으로 어떤 감정이든 마음속에서 지워버릴 수도 있고 꾸준히 지속되도록 할 수도 있다. 의지력으로 마음을 조절하는 것은 결코 어려운 일이 아니다. 조절은 인내와 습관을 통해 가능하며 조절 능력의 비밀은 바로 성 에너지의 변환 과정에 대한 이해에 있다. 마음속에 자리 잡은 부정적 생각은 자신의 생각을 변화시키는 단순한 과정을 통해 긍정적 혹은 건설적 감정으로 변환될 수 있다.

NOTE

오늘 내가 할 일

오늘 내가 한 일

October
28

성적 에너지는 창의적 에너지다

성적 에너지는 모든 천재들이 사용하는 창의적 에너지다. 위대한 리더나 건축가, 예술가 중에는 이런 성적 에너지가 부족한 사람은 하나도 없었고 앞으로도 없을 것이다.
이 글에 대해 성욕이 높은 사람은 모두 천재라는 의미로 오해하는 사람도 없을 것이다. 자신의 마음을 자극하여 창의적 상상력을 통해서만 가능한 힘을 사용할 수 있을 때 비로소 천재의 경지에 도달했다고 할 수 있다.
사고의 진동을 상승시키는 자극제 중 가장 중요한 것은 성적 에너지일 것이다. 단순히 그 에너지를 소유하고 있는 것만으로는 천재가 될 수는 없다. 성적 에너지로 인해 천재의 경지로 올라서기 전에 그 에너지는 반드시 육체적 접촉에 대한 열망에서 다른 형태의 열망과 행동으로 변환되어야만 한다.
압도적인 성적 열망으로 인해 대다수의 사람들이 천재가 되기는커녕, 그 힘에 대한 오해와 부적절한 사용으로 하급 동물 수준으로 자신을 떨어뜨리고 만다.

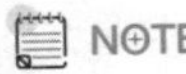

오늘 내가 할 일

오늘 내가 한 일

October
29

지나친 성적 탐닉은 에너지를 소멸시킨다

마흔 살이 되기 전에 성공하는 사람은 드물다. 2만 5,000명이 넘는 사람들을 상대로 분석한 결과 알게 된 것은 쉰 살 후반에 이르기 전까지는 진정한 성공 가도를 달리는 경우가 드물다는 것이다.

연구 결과 이는 성적 감정의 육체적 표현에 지나치게 탐닉하여 에너지를 소멸시키는 경향 때문이라는 사실이 드러났다. 대다수의 사람들은 성적 욕구가 그 중요성의 관점에서 단순한 육체적 표현을 훨씬 능가하는 또 다른 잠재력을 갖고 있다는 사실을 깨닫지 못한다. 이 사실을 깨달은 사람 중 대부분은 성적 에너지가 절정에 달하는 40~50대 이전 시기에 너무나 많은 시간을 낭비한다. 그러나 깨달음 뒤에 따라오는 것은 주목할 만한 성공이다.

40대까지, 경우에 따라서는 40대를 훨씬 넘긴 이후의 삶은 에너지가 지속적으로 소멸되는 시기다. 더 나은 경로를 통해 더 이롭게 바뀔 수 있는 에너지 말이다. 가장 훌륭하고 강력한 감정이 사방으로 흩어지고 마는 것이다.

NOTE

오늘 내가 할 일

오늘 내가 한 일

October

30

창의적 능력은 감정에 의해 행동으로 변환된다

성적 표현에 대한 열망은 인간의 감정 중에서 가장 강력하고 충동적이다. 그러한 이유로 성적 감정이 제대로 사용되고 육체적 표현 외에 다른 행동으로 변환되기만 한다면 천재의 경지에 올려놓을 수 있는 힘으로 작용할 수 있다.

자연의 법칙은 인간이 마음을 자극하여 뛰어나고도 희귀한 생각에 귀 기울일 수 있는 경지에서 사고의 진동을 분출하도록 안전한 묘약을 사전에 준비해두었다. 다만 사람의 마음을 자극하는 뛰어나고도 희귀한 생각이 어디에서부터 오는 것인지는 그 누구도 알 수 없다.

세상은 인간의 감정에 의해 지배된다. 사람들의 행동에 영향을 미치는 것은 이성(reason)보다는 느낌(feeling)이다. 마음의 창의적 능력은 냉철한 이성이 아니라 전적으로 감정에 의해 행동으로 변환된다. 인간의 감정 중 가장 강력한 것은 성적 감정이다. 물론 마음을 자극하는 다른 자극제들도 있지만 그중 어떤 것도 혹은 그 모든 것을 합쳐도 성적 감정으로 인한 추진력에 대항할 수 있는 것은 없다.

오늘 내가 할 일

오늘 내가 한 일

October 

31

사랑의 감정이 천재를 창조한다

자발적인 노력 외에 천재가 될 수 있는 다른 방법은 없다. 성 에너지의 추진력만으로 엄청난 재정적 혹은 사업적 성취를 이루어낼 수 있다. 그러나 역사적으로 볼 때 자신에게 주어진 힘을 유지하거나 만끽할 수 있는 능력을 박탈하는 특성도 함께 갖고 있었음을 보여주는 사례는 수없이 많다.

사랑의 감정은 인간의 예술적 본성과 심미적 본성을 끌어내고 개발한다. 그것은 한 사람의 영혼에 흔적을 남기며 시간과 상황에 의해 그 불씨가 사그라진 이후에도 여전히 그 인상은 남는다.

사랑의 감정은 의문의 여지없이 인생 최대의 경험이며, 신성의 지혜와 교감을 형성한다. 사랑의 감정이 성이나 로맨스의 감정과 혼합될 때 창의적 상상력의 정점에 이를 수도 있다. 사랑과 성 로맨스의 감정은 성공을 만들어내는 천재라는 무한한 삼각형의 세 변과도 같다. 그 외에 자연이 천재를 창조하는 다른 방법은 존재하지 않는다.

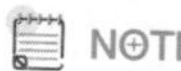

오늘 내가 할 일

오늘 내가 한 일

잠재의식은 열망을 지혜와 행동으로 연결시키는 하나의 통로다.

THE SUBCONSCIOUS MIND/THE BRAIN

November

11

잠재의식과 두뇌활동

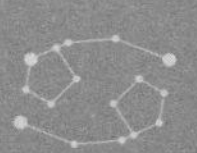

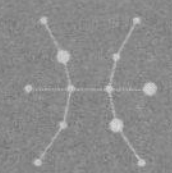

+

당신의 잠재의식에 긍정의 씨앗을 심어라

잠재의식은 오감을 통해 마음속으로 전달된 모든 반복적 사고들이 분류되고 기록되는 곳이다. 잠재의식은 감각 기관을 통해 전달되는 느낌 혹은 생각을 그 특성에 상관없이 받아들이고 기록한다. 때문에 자신의 잠재의식에 물리적 혹은 금전적 대체물로 바꾸기를 열망하는 계획이나 생각 혹은 목적을 의도적으로 심을 수도 있다.

잠재의식은 신념과 같이 감정적인 느낌과 결합된 지배적 열망에 가장 먼저 반응한다. 잠재의식은 자신의 열망을 물리적 대체물로 변환시키는 힘으로 신성의 지혜가 가진 힘을 사용하며 언제나 가장 현실적인 매개체를 활용하여 목적을 달성한다. 잠재의식은 그 자체로 반복적 생각이 영적인 대체물로 수정되고 변화되는 비밀스러운 과정이며 기도에 대한 응답을 제공해 줄 근원으로 그것을 전달해주는 매개체이기 때문이다.

자신의 잠재의식에 영향력을 행사하기 위해 노력하든 그렇지 않든 상관없이 잠재의식은 자발적으로 기능을 수행한다. 때문에 자신의 잠재의식에 열망을 심어주는 데 실패하면 스스로 무관심의 결과에 도달하게 될 생각을 먹이로 삼을 것이다. 부정적이든 긍정적이든 반복적 생각은 끊임없이 잠재의식에 도달한다.

긍정적인 감정이 마음을 지배하는 영향력이 되게 하는 것은 각자의 몫이다. 여기에 습관의 법칙이 도움이 될 것이다. 긍정적 감정을 적용하고 사용하는 습관을 길러라.

의식 속에 자리 잡은 단 하나의 부정적 생각만으로 잠재의식의 건설적인 힘을 사용할 수 있는 모든 기회를 파괴하기에 충분하다. 사람들은 다른 모든 방법이 실패로 돌아갔을 때 기도에 의지한다. 이때 두려움과 의혹이 가득 찬 마음으로 기도하게 되고 잠재의식은 두려움과 의혹의 감정에 반응을 보이며 그대로 신성의 지혜에까지 전달된다. 결국 신성의 지혜가 받아들이고 반응을 보이게 될 감정은 두려움과 의혹이다. 무언가를 위해 기도할 때 두려움에 사로잡혀 있다면 결코 그에 대한 해답을 얻을 수 없다. 신성의 지혜 또한 그것에 반응하지 않을 것이며, 당신의 기도는 무의미한 외침이 되고 말 것이다.

잠재의식은 기도를 신성의 지혜가 인식할 수 있는 형태로 변환시키고 메시지를 전달하며 기도의 목적을 실현시켜 줄 명확한 계획이나 아이디어의 형태로 그 대답을 가져다주는 매개체다.

신념은 생각에 영적인 특성을 부여할 수 있는 유일한 도구다. 신념과 두려움은 결코 어울릴 수 없는 관계이다. 신념을 갖는다는 의미는 곧 자신의 잠재의식에 긍정적이고 확고한 의지를 심는 것과 같다.

November 

1

모든 생각의 저장소, 잠재의식

잠재의식(subconscious mind)은 의식의 필드로 구성되어 있다. 의식의 필드란 오감을 통해 마음속으로 전달된 모든 반복적 사고들이 분류되고 기록되는 곳이며, 마치 캐비닛에서 필요한 문서를 꺼내듯 이곳으로부터 생각을 상기하거나 불러내기도 하는 특정한 저장소이다.
잠재의식은 감각 기관을 통해 전달되는 느낌 혹은 생각을 그 특성에 상관없이 받아들이고 기록한다. 스스로의 잠재의식에 물리적 혹은 금전적 대체물로 바꾸기를 열망하는 계획이나 생각 혹은 목적을 의도적으로 심을 수도 있다.

 NOTE

오늘 내가 할 일

오늘 내가 한 일

November 

2

잠재의식의 이용

잠재의식은 신념과 같이 감정적인 느낌과 결합된 지배적 열망에 가장 먼저 반응한다. 잠재의식은 밤낮을 가리지 않고 움직인다. 인간이 밝혀내지 못한 방법을 통해 잠재의식은 자신의 열망을 물리적 대체물로 변환시키는 힘으로 신성의 지혜가 가진 힘을 사용하며 언제나 가장 현실적인 매개체를 활용하여 목적을 달성한다.

 NOTE

오늘 내가 할 일

오늘 내가 한 일

November 

3

잠재의식은 마음과 지혜를 이어준다

항상 잠재의식을 통제할 수 있는 것은 아니다. 그러나 자신이 확고한 형태로 변환시키고자 하는 계획이나 열망 혹은 목적을 의도적으로 잠재의식에 넘겨줄 수는 있다. 잠재의식이 인간의 유한한 마음과 신성의 지혜 사이를 이어주는 연결고리라는 믿음을 뒷받침해 줄 수많은 증거가 있다.

자신의 의지에 따라 신성의 지혜가 가진 힘을 사용할 수 있도록 해주는 매개체인 셈이다. 잠재의식은 그 자체로 반복적인 생각이 영적인 대체물로 수정되고 변화되는 비밀스러운 과정이며, 기도에 대한 응답을 제공해줄 근원으로 그것을 전달해주는 매개체다.

오늘 내가 할 일

오늘 내가 한 일

November 

4 상상력을 잠재의식과 연결시켜라

창의적 상상력이 잠재의식과 연결될 가능성은 실로 엄청나고도 가늠하기 어려우며 경외감을 갖도록 만든다.
한없이 작아지는 느낌이나 열등감을 느끼지 않고 잠재의식에 대해 논할 수 없는 것은 그것에 대한 인간의 지식이 초라하리만큼 제한적이라는 사실 때문이다. 잠재의식이 사람의 마음과 신성의 지혜 사이를 잇는 의사소통의 매개체라는 사실은 그 자체로 우리의 이성을 마비시키는 생각이다.

오늘 내가 할 일

오늘 내가 한 일

November 

5 인내를 갖고 잠재의식을 습관화하라

잠재의식의 존재를 현실로 받아들이고 자신의 열망을 물리적 혹은 금전적 대체물로 변환시키기 위한 매개체가 될 수 있다는 가능성을 이해했다면 앞서 언급한 6단계 부자법칙의 중요성을 완전히 이해할 수 있을 것이다. 또한 자신의 열망을 명확하게 규정하고 그것을 글로 써 두어야 한다고 반복적으로 권고했던 이유도 이해할 수 있을 것이며, 그 모든 것을 실천으로 옮기는 인내력의 필요성도 이해하게 될 것이다. 성공의 13가지 법칙은 잠재의식에 접근하고 영향력을 행사할 수 있는 능력을 습득하는 자극제와도 같다. 첫 번째 시도에서 실패했다 하여 의기소침해지지 않기를 바란다. 잠재의식은 오직 습관을 통해 자발적으로 지시를 수용할 수 있다는 점을 기억하라. 아직은 신념을 터득하지 못한 것이다. 인내심을 갖고 끈기 있게 밀고 나가야 한다.

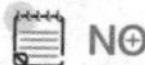

오늘 내가 할 일

오늘 내가 한 일

November 

6

잠재의식은 자발적으로 기능을 수행한다

자신의 잠재의식에 영향력을 행사하기 위해 노력을 기울이든 그렇지 않든 상관없이 잠재의식은 자발적으로 기능을 수행한다는 것을 기억해두라. 그렇기 때문에 두려움이나 가난과 같은 부정적 생각들이 잠재의식을 자극하는 자극제의 역할을 할 것이다. 자신이 그와 같은 반복적 생각의 주인이 되어 더 바람직한 영양분을 지속적으로 공급하지 않는다면 말이다.

 NOTE

오늘 내가 할 일

오늘 내가 한 일

7 긍정적인 생각을 반복하는 생활습관을 키워라

잠재의식은 나태한 상태로 머물러 있지 않는다. 자신의 잠재의식에 열망을 심어주는 데 실패하면 스스로 무관심의 결과에 도달하게 될 생각을 먹이로 삼을 것이다. 부정적이든 긍정적이든 반복적 생각은 끊임없이 잠재의식에 도달한다. 자신도 모르는 사이에 잠재의식에 도달하고 있는 온갖 종류의 반복적 생각에 둘러싸인 환경에서 매일 생활하고 있다는 사실을 잊지 말아야 한다. 그중 일부는 부정적인 반복적 생각이고 또 다른 일부는 긍정적인 반복적 생각이다. 당신은 이제 부정적인 반복적 생각의 흐름을 차단하고 열망에 대한 긍정적인 반복적 생각을 통해 자발적으로 자신의 잠재의식에 영향력을 행사하려는 노력을 시작한 것이다. 그것을 성취하는 순간 자신의 잠재의식으로 들어가는 문의 열쇠를 손에 쥐게 될 것이며, 완벽한 통제력을 발휘하여 어떤 부정적인 생각도 잠재의식에 접근하지 못하게 만들 수 있다.

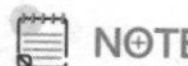

오늘 내가 할 일

오늘 내가 한 일

November 

8

생각을 마음으로 받아들여라

인간의 창조물은 모두 반복적 생각의 형태에서 출발한다. 먼저 생각을 마음속으로 받아들이지 않고서는 아무것도 만들어 낼 수 없다. 상상력의 도움을 받는다면 반복적 생각이 계획으로 조립될 수도 있을 것이다. 통제 가능한 상황에서 상상력은 자신이 선택한 분야에서 성공을 이룰 수 있는 계획이나 목적을 만들어내는 데 사용될 수 있다.

오늘 내가 할 일

오늘 내가 한 일

November

9

성공 원칙을 조화시키고 실천하라

물리적 대체물로 변환시키기 위해 의도적으로 잠재의식에 심어진 모든 반복적 생각은 반드시 상상력을 거쳐야 하고 신념과 혼합되어야만 한다. 잠재의식으로 전달되기 위한 신념과 계획 혹은 목적의 혼합은 상상력을 통해서만 가능하다. 잠재의식을 의도적으로 이용하기 위해서는 모든 성공 원칙의 조화와 실천을 필요로 한다는 것을 쉽게 알 수 있을 것이다.

NOTE

오늘 내가 할 일

오늘 내가 한 일

November +

10

생각은 사물이다

미국의 여류시인 엘라 휠러 윌콕스(Ella Wheeler Wilcox)는 잠재의식의 힘에 대한 이해를 시로 표현했다.

> 생각이 무엇을 할 것인지 미리 알 수는 없다.
> 미움을 가져다줄지 사랑을 가져다줄지,
> 생각은 곧 사물이며 그 날개는 전령비둘기의 그것보다 더 날래다.
> 생각은 모든 사물은 같은 것을 만들어낸다는 우주의 법칙에 순종한다.
> 그리고 그것은 자신이 지나갔던 그 길을 쏜살같이 내달려 마음을 떠났던 모든 것을 다시 되돌려준다.

윌콕스는 생각이 마음에서 떠나는 동시에 잠재의식에도 깊숙이 고착되어 자석이나 모형 혹은 설계도의 역할을 한다는 사실을 정확히 이해하고 있었다. 잠재의식은 생각을 물리적 대체물로 바꾸는 과정에서 그와 같은 자석이나 모형 설계도로부터 영향을 받는다.

오늘 내가 할 일

오늘 내가 한 일

November 

11 이성보다는 감정에 익숙해져라

잠재의식은 오로지 이성적인 마음에 근거한 생각보다 느낌이나 감정과 혼합된 반복적 사고로부터의 영향력에 더욱 민감하게 반응한다. 실제로 감정이 섞인 생각만이 잠재의식에서 행동으로 변화할 수 있다는 이론을 뒷받침해줄 증거들이 무수히 많다. 감정이나 느낌이 대부분의 인간을 지배한다는 것은 이미 잘 알려진 사실이다. 만약 그렇다면 잠재의식 또한 감정과 혼합된 반복적 생각에 더욱 빨리 그리고 더 기꺼이 그 영향력을 수용할 것이다. 따라서 더 중요한 감정에 익숙해지는 일은 필수다.

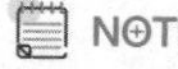

오늘 내가 할 일

오늘 내가 한 일

November

12

감정과 느낌은 행동 요소를 구성한다

부정적인 감정은 자발적으로 반복적 사고 안으로 스스로를 주입하고 잠재의식에까지 닿는 통행권을 확보한다. 긍정적 감정은 자기암시의 원리를 통해 자신의 잠재의식에 전달되기를 희망하는 반복적 사고 안으로 주입되어야만 한다.
감정 혹은 반복적 느낌은 행동 요소를 구성하고 있으며 그것은 수동적인 반복적 생각을 능동적 상태로 변화시킨다. 감정과 적절히 혼합된 반복적 생각이 차가운 이성에 근거한 반복적 생각보다 기꺼이 반응을 보이는 이유도 이해할 수 있을 것이다.

오늘 내가 할 일

오늘 내가 한 일

November 

13 잠재의식과 의사소통하라

당신은 지금 자신의 내부에 있는 청중(inner audience), 즉 스스로의 잠재의식에 영향력을 행사하고 통제하기 위한 준비를 하고 있다. 금전적 대체물로 변환하기를 원하는 돈에 대한 열망을 잠재의식에 전달하기 위해서 말이다. 따라서 그 내부에 있는 청중에게 접근할 수 있는 방법을 이해하는 일이 반드시 필요하다. 반드시 잠재의식과 의사소통을 해야 하고 그렇게 하지 못한다면 돈은 당신의 부름에 절대 주의를 기울이지 않을 것이다. 잠재의식은 감정이나 느낌의 언어에 가장 능통하다.

 NOTE

오늘 내가 할 일

오늘 내가 한 일

November 14

7가지 중요한 긍정적 감정

열망 신념
사랑 성
열정 로맨스
희망

그 외에도 긍정적인 감정들이 있겠지만, 이 7가지 감정은 가장 강력한 감정이며 창의적 상상력에 가장 일반적으로 사용되는 것이다. 이 7가지 감정을 완전히 터득한다면(감정을 터득하는 방법은 오직 사용하는 것뿐이다.)
그 외 다른 긍정적인 감정은 필요에 따라 언제든 사용할 수 있을 것이다. 그런 이유로 지금 당신은 긍정적인 감정들로 마음을 가득 채우는 방법을 통해 돈에 대한 관심을 키워나가는 데 도움을 줄 책을 공부하고 있다는 것을 기억해두기 바란다.

오늘 내가 할 일

오늘 내가 한 일

November

15

7가지 중요한 부정적 감정
(회피해야 할 감정)

두려움 질투
미움 복수
탐욕 미신
분노

긍정적인 감정과 부정적인 감정은 마음속에서 동시에 존재할 수 없다. 반드시 어느 한쪽이 지배해야만 한다. 부정적인 감정으로 마음을 가득 채운다면 돈에 대한 관심이 생길 수 없다.

NOTE

오늘 내가 할 일

오늘 내가 한 일

November 

16

긍정적 감정을 적용하고 사용하라

긍정적인 감정이 마음을 지배하는 영향력이 되도록 만드는 것은 각자의 몫이다. 여기에 습관의 법칙이 도움이 되어 줄 것이다. 긍정적 감정을 적용하고 사용하는 습관 말이다. 결과적으로 긍정적 감정이 온전히 마음을 지배하게 될 것이며, 부정적 감정은 결코 발을 들여놓지 못하게 될 것이다.

오늘 내가 할 일

오늘 내가 한 일

November

17 단 하나의 부정적 생각이 기회를 파괴한다

의식 속에 자리 잡은 단 하나의 부정적 생각만으로 잠재의식의 건설적 힘을 사용할 수 있는 모든 기회를 파괴하기에 충분하다.

관찰자의 입장에서 살펴보면 대부분의 사람은 다른 모든 방법이 실패로 돌아갔을 때에야 비로소 기도에 의지한다는 것을 알 수 있다. 그것이 아니라면 아무 의미도 없는 단지 의례적인 기도에 지나지 않는다. 이처럼 사람들은 더 이상 다른 방법이 없을 때 기도에 의지하기 때문에, 두려움과 의혹이 가득 찬 마음으로 기도를 하게 되고 잠재의식은 두려움과 의혹의 감정에 반응을 보이며 그대로 신성의 지혜에까지 전달된다. 결국 신성의 지혜가 받아들이고 반응을 보이게 될 감정은 두려움과 의혹이다. 무언가를 위해 기도할 때 두려움에 사로잡혀 있다면 결코 대답을 구하지 못할 것이며 신성의 지혜 또한 그것에 반응하지 않을 것이다. 결국 당신의 기도는 허사가 될 것이다.

 NOTE

오늘 내가 할 일

오늘 내가 한 일

November 

18

강한 열망이 현실화 된 순간을 늘 기억하라

경우에 따라서 기도가 현실화되기도 한다. 만약 한 번이라도 기도에 대한 답을 얻은 적이 있다면 자신의 기억을 되짚어 보라. 그리고 기도를 하던 자신의 마음의 상태를 기억해 보기 바란다. 여기에서 설명하고 있는 이론이 그저 이론에 그치는 것이 아니라는 것을 확신하게 될 것이다.

오늘 내가 할 일

오늘 내가 한 일

November

19

신념의 힘

학교와 교육 기관에서 기도의 과학(science of prayer)을 가르치게 될 때가 분명 올 것이다. 그때가 되면 기도는 과학으로 간주될 것이다. 더 이상 두려움이라는 감정 자체가 없을 것이기 때문에 두려움이 가득한 마음으로 신성의 마음에 접근하는 사람도 없을 것이다. 무관심이나 미신, 잘못된 가르침도 사라질 것이며 인간은 신성의 지혜를 획득할 것이다. 이미 그와 같은 축복을 받은 사람도 몇몇 있다.

믿기지 않는다면 인류의 역사를 거슬러 올라가 보라. 불과 100년 전까지만 해도 인간은 신의 노여움이 번개가 되어 나타나는 것이라 믿어 그것을 두려워했다. 지금은 신념의 힘 덕분에 번개의 힘을 제대로 사용할 수 있게 되었고 산업의 원동력으로 전환되고 있지 않은가.

오늘 내가 할 일

오늘 내가 한 일

November

20

자기 자신의 노력만이 신성의 지혜로 데려다준다

인간의 유한한 마음과 신성의 지혜 사이에 돈을 내야 하는 요금소 따위는 없다. 신성의 지혜와의 의사소통에 필요한 것은 단지 인내와 신념, 끈기, 이해 그리고 의사소통에 대한 진정한 열망이 전부다.

또한 신성의 지혜에 접근하기를 시도하는 것은 오직 스스로의 몫이다. 대가를 지불한 기도는 아무런 가치도 없다. 신성의 지혜는 대리인을 내세운 비즈니스를 하지 않는다. 자신이 직접 시도하거나 아니면 의사소통을 하지 않는 것 둘 중 하나일 뿐이다.

기도문을 사서 아무런 보람도 없이 불행한 삶을 마감하는 그날까지 반복해서 읽을 수도 있을 것이다. 신성의 지혜에 전달하고자 하는 생각은 반드시 변환 과정을 거쳐야 하고 그것은 오직 자신의 잠재의식을 통해서만 가능하다.

오늘 내가 할 일

오늘 내가 한 일

November
21

신성의 지혜와의 의사소통

신성의 지혜와 의사소통하는 방법은 소리의 진동이 라디오를 통해 전달되는 방법과 매우 흡사하다. 라디오의 작동 원리를 이해하고 있다면 소리는 강화되거나 인간의 청력이 감지할 수 없는 진동으로 변화되지 않는 이상 주변의 공기를 통해 전달될 수 없다는 것을 잘 알고 있을 것이다. 라디오의 전파를 송출하는 방송국은 인간의 목소리를 포착하여 수백만 배나 높은 진동으로 신호를 변환하거나 수정한다. 이런 방법을 거쳐야만 주변의 공기를 통해 소리가 전달될 수 있으며 변환 과정이 완료된 이후에 주변의 공기는 원래 소리의 진동 형태로 출발한 에너지를 포착하여 수신국으로 전송한다. 수신국에서는 이 에너지를 원래의 진동으로 다시 하향 조정하여 소리로 인식되도록 만드는 것이다.

오늘 내가 할 일

오늘 내가 한 일

November

22

신념과 두려움은 결코 어울릴 수 없다

잠재의식은 기도를 신성의 지혜가 인식할 수 있는 형태로 변환시키고 메시지를 전달하며 기도의 목적물을 실현시켜 줄 명확한 계획이나 아이디어의 형태로 그 대답을 가져다주는 매개체다. 이 원리를 이해한다면 단순히 기도문을 읽어 내려가는 것으로는, 사람의 마음과 신성의 지혜 사이를 연결하는 의사소통 도구의 역할을 감당할 수 없는 이유를 알게 될 것이다.

기도가 신성의 지혜에 도달하기에 앞서(이것은 나의 입장에서만 단정적으로 말하는 것일 뿐이다) 아마도 그것은 원래의 형태인 생각의 진동에서 영적 차원의 진동으로 변형되었을 것이다. 신념은 생각에 영적인 특성을 부여할 수 있는 유일한 도구다. 신념과 두려움은 결코 어울릴 수 없는 관계다. 어느 한쪽이 자리 잡고 있다면 다른 한쪽은 존재할 수 없다는 말이다.

 NOTE

오늘 내가 할 일

오늘 내가 한 일

November 

23 다른 사람의 생각을 포착하라

나는 한때 알렉산더 그레이엄 벨(Alexander Graham Bell), 엘머 게이츠와 함께 생각의 진동을 내보내는 방송국의 역할도 하면서 그 신호를 받아들이는 수신국의 역할도 동시에 수행하는 인간의 두뇌에 대한 공동연구를 진행한 적이 있었다. 라디오 방송국의 작동 원리와 유사한 방식으로 인간의 두뇌는 주변의 공기를 매개물로 삼아 다른 사람의 두뇌로부터 방출된 생각의 진동을 포착해내는 능력을 갖고 있다.

 NOTE

오늘 내가 할 일

오늘 내가 한 일

November 

24 창의적 상상력은 두뇌의 수신국이다

라디오 방송국과도 같은 인간의 두뇌에 대한 설명과 함께 창의적 상상력에 대한 내용을 비교하면서 살펴보도록 하자. 창의적 상상력은 다른 사람의 두뇌로부터 방출된 생각을 받아들이는 두뇌의 수신국(receiving set)과도 같다. 이것은 한 사람의 의식 혹은 이성, 마음 그리고 마음을 자극하는 네 가지 자극의 원천이 서로 의사소통을 가능하게 만드는 수단이다.

 NOTE

오늘 내가 할 일

오늘 내가 한 일

November

25 감정을 통해 생각의 진동은 증폭된다

마음이 자극을 받았을 때 혹은 더 높은 진동으로 강화되었을 때 외부자극으로부터 공기를 통해 전달되는 생각의 진동을 더 기꺼이 받아들인다. 이러한 강화 과정은 긍정적인 감정 혹은 부정적인 감정을 통해 이루어진다. 감정을 통해 생각의 진동은 증폭될 수 있는 것이다. 지나칠 정도로 빠른 속도의 진동이 두뇌와 두뇌 사이에서 포착되고 운반될 수 있는 유일한 진동이다. 생각은 지나칠 만큼 빠른 속도로 진동하며 떠다니는 에너지다. 어떤 것이든 주요 감정에 의해 강화되거나 수정된 생각은 평범한 생각보다 훨씬 빠른 속도로 진동한다. 이렇게 빠르게 진통하는 생각이 인간의 두뇌라는 장치를 통해 두뇌와 두뇌 사이를 왕래한다.

NOTE

오늘 내가 할 일

오늘 내가 한 일

November

26

성적 감정의 변환

강렬함과 추진력의 측면에서 본다면 성에 대한 감정은 인간의 감정 중 단연 최고의 위치에 있는 감정이다. 성에 대한 감정으로부터 자극을 받은 인간의 두뇌는 감정이 활동하지 않거나 아예 없는 상태에 비해 훨씬 더 빠른 속도로 진동한다. 성적 감정의 변환 결과는 생각의 진동 속도가 주변의 공기를 통해 전달되는 아이디어를 창의적 상상력이 더 기꺼이 받아들일 수 있을 정도로 증가하는 것이다. 한편 두뇌가 빠른 속도로 진동할 때 주변 공기를 통해 전달되는 다른 사람의 생각이나 아이디어를 끌어들이는 동시에 스스로의 생각에 느낌을 부여하게 된다. 잠재의식이 그것을 받아들이고 반응을 보이기에 앞서 반드시 필요한 느낌 말이다. 따라서 방송국의 원리는 느낌이나 감정을 생각과 혼합하여 잠재의식으로 전달하는 원리와 같다는 것을 알 수 있다.

오늘 내가 할 일

오늘 내가 한 일

November

27 자기암시의 원리

잠재의식은 두뇌로부터 신호를 송출하는 방송국이며 그것을 통해 생각의 진동이 외부로 표출된다. 창의적 상상력은 신호를 받아들이는 수신국이며 그것을 통해 주변 공기로부터 생각의 진동을 받아들이게 된다.

정신적 차원의 방송국이 작동하는 원리는 매우 단순한 과정이다. 그것을 사용하는 데 단 세 가지 원리만 기억해두면 된다. 잠재의식, 창의적 상상력 그리고 자기암시가 그것이다.

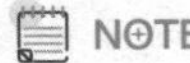

오늘 내가 할 일

오늘 내가 한 일

November 

28 위대한 힘은 무형의 것이다

오랜 시간 동안 인간은 자신의 물리적 감각에 지나치게 의존해 왔고 결과적으로 인간의 지식 또한 보고, 만지고, 측정할 수 있는 물리적인 것에 한정되어 있다.
우리는 지금 그 어느 때보다 놀라운 시대로 접어들고 있다. 우리를 둘러싸고 있는 무형의 힘에 대한 학습이 가능한 시대말이다. 아마도 우리는 이 시대를 지나가면서 물리적 자아보다 거울 속에 비친 또 다른 자아가 더욱 강력하다는 것을 배워나가야 할지도 모른다.
때때로 인간은 자신의 오감을 통해 인지할 수 없는 무형의 것을 경시하는 경향이 있다. 그럴 때마다 스스로에게 상기시켜야 할 것이 있다. 바로 인간은 보이지 않는 무형의 힘에 의해 통제받고 있다는 것이다.

오늘 내가 할 일

오늘 내가 한 일

November

29

무형의 힘을 이해하라

인류는 거대한 바다에서 몰아치는 파도 속에 있는 무형의 힘을 통제하거나 대응할 힘을 갖고 있지 않다. 인간은 이 지구를 지탱하고 그 위에 사는 인간이 땅에 발을 붙이고 살아갈 수 있도록 해주는 중력이라는 무형의 힘을 이해할만한 능력도, 그 힘을 통제할 만한 능력도 갖고 있지 않다. 인간은 뇌우가 동반하는 어마어마한 무형의 힘 앞에 전적으로 굴복하는 존재이며, 그로 인해 만들어지는 전기라는 무형의 힘 앞에서는 무력하기 그지없다. 전기가 무엇인지조차 알지 못하며 어디에서 오는 것인지, 무엇을 위한 것인지도 알지 못한다.

보이지 않는 무형의 것에 대한 인간의 무지함은 여기에서 끝나지 않는다. 인간은 지구를 이루는 땅 속에 존재하는 무형의 힘과 지혜도 이해하지 못한다. 자신이 먹는 모든 음식과 몸에 걸치는 옷과 주머니에 넣고 다니는 돈을 제공해주는 힘 말이다.

오늘 내가 할 일

오늘 내가 한 일

November 

30

무형의 힘과 의사소통하라

인간은 그들이 자랑하는 문화와 지식을 모두 동원하더라도 모든 무형의 것 중 가장 위대한 무형의 힘, 즉 생각에 대해서는 거의 이해하지 못한다. 또한 두뇌의 물리적 측면 그리고 생각의 힘을 물질적 대체물로 변환하는 복잡한 역학을 가진 두뇌의 방대한 네트워크에 대해서도 거의 모른다. 다만 이제 그에 대한 새로운 지식에 눈 뜰 시대로 접어들고 있을 뿐이다. 과학자들이 이미 발견해 놓은 사실이라곤 인간 두뇌의 중앙 배전반이 관리하는 회선의 수가, 다시 말해서 뇌세포를 연결하는 선의 수가 10의 1,500만 제곱에 달할 정도로 많다는 것뿐이다.

그토록 복잡한 역학을 보유한 두뇌 네트워크가 육체의 성장과 유지에 대한 부수적 기능인 물리적 기능만을 목적으로 존재한다는 것은 상상도 할 수 없는 일이다. 수백만 개의 뇌세포들이 상호 의사소통을 할 수 있는 매개체가 되어 주는 시스템이라면 다른 무형의 힘과 의사소통 할 수 있는 수단도 제공해준다고 보는 것이 옳지 않겠는가.

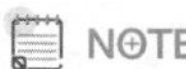

오늘 내가 할 일

오늘 내가 한 일

성공을 결정짓는 순간에 찾아오는 마지막 불청객은 언제나 두려움이다.

◆◆◆
◆◆◆

THE SIXTH SENSE AND
HOW TO OUTWIT THE SIX GHOSTS OF FEAR

December

12

직감 그리고 6가지 두려움을 현명하게 극복하는 방법

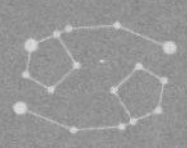
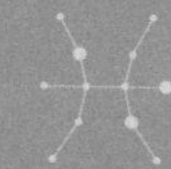
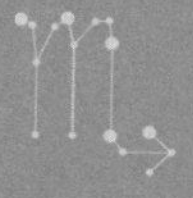

December

+

두려워하고 있을 시간은 없다. 지금 시작하라

직감은 창의적 상상력이라고 불리는 잠재의식의 일부분이다. 또한, 아이디어나 계획, 마음속에서 섬광처럼 스치는 생각들이 들어오는 수신기 역할을 하기도 한다.
직감에 대한 이해는 오직 내면으로부터의 마음을 키워나가는 명상을 통해서만 가능하다. 직감은 정신적 측면과 영적 측면이 혼합되어 있다. 때문에 직감은 인간의 유한한 마음과 신성의 지혜 사이에 있는 유일한 접촉 수단이기도 하다. 따라서 직감은 위험이 닥쳐오면 그것을 피해야 한다는 것을 알려주고 거머쥐어야 할 기회가 찾아올 것을 알려준다.

인간이라면 6가지 기본적인 두려움의 감정을 갖고 있다.
가난에 대한 두려움의 증상으로는, 무관심, 우유부단함, 의혹, 근심, 지나친 신중함, 미루는 버릇 등이 있다.
비판에 대한 두려움은, 솔선수범의 의지를 파괴하고 상상력을 사용하는 것을 가로막는다. 그 증상으로는 불안한 자기의식, 침착성의 부재, 성품, 열등감, 낭비, 솔선수범 의지의 부재, 야망의 부재 등을 꼽을 수 있다.

건강을 잃는 것에 대한 두려움은, 자신이 죽음을 맞이했을 때 일어날 지도 모르는 끔찍한 그림이 이미 마음속에 심어져 있는 데에 기인한다. 그 증상으로는 부정적 자기암시, 심기증, 운동 회피, 민감성, 지나친 자기애착, 무절제 등이 있다.
사랑을 잃는 것에 대한 두려움은, 가장 고통스럽고 영구적인 정신 이상으로 이어지는 경우가 흔하기 때문에 신체와 마음에 심각한 해를 입히곤 한다. 그것은 질투, 흠잡기, 도박 등으로 이어지곤 한다.
늙어가는 것에 대한 두려움의 첫 번째 요인은, 나이가 들면 가난해질 것이라는 생각이다. 두 번째 요인은 학습되어 온 거짓되고도 잔인한 교훈에서 기인한다. 그것은 죽음 이후에 펼쳐질 세계에 대한 불확실함이다. 또 다른 세 번째 요인으로는 자유로움과 독립성을 상실할 수도 있다는 가능성이다. 그 증상으로는 기력을 잃거나 열등감을 표출하며, 솔선수범의 의지와 상상력 그리고 자기 의존감을 말살하기도 한다.
죽음에 대한 두려움의 가장 일반적인 원인은, 좋지않은 건강이나 가난, 적절한 직업이 없는 상황, 사랑에 대한 좌절, 정신이상, 종교적 광신 등이다.

두려움은 마음의 상태에 불과하다. 그리고 모든 사람은 자신의 마음을 완전히 통제할 수 있는 능력을 갖고 있다. 인간이 만들어낸 모든 것은 생각의 형태에서 시작하며 따라서 두려움은 극복할 수 있다.
인생을 살아감에 있어서 게임 상대는 시간이다. 가만히 앉아 머물러 있을 여유가 없다. 시간은 기다려주지 않고 되돌아가지도 않는다.
지금 당장 시작하라.

December 

1 직감의 의미

13번째 성공의 법칙은 6번째 감각이라고 말하는 직감이다. 이것을 통해 신성의 지혜는 개인의 노력이나 요구 없이도 자발적으로 의사소통을 할 수 있다. 이것이야말로 성공 철학의 정점이며 다른 12가지 성공의 법칙을 완전히 습득한 이후에 비로소 동화되고 이해되며 적용될 수 있는 것이다.

직감은 창의적 상상력이라고 불리는 잠재의식의 일부분이다. 또한 아이디어나 계획, 마음속에서 섬광처럼 스치는 생각들이 들어오는 수신기 역할을 하기도 한다. 여기에서 말하는 섬광이란 경우에 따라서는 예감 혹은 영감이라고 불리기도 한다.

 NOTE

오늘 내가 할 일

오늘 내가 한 일

December 

2

직감은 오직 명상을 통해서만 이해할 수 있다

직감은 자세히 설명할 수 없는 것이다. 그것은 성공의 법칙 중 나머지 12가지를 완전히 습득하지 못한 사람에게는 설명할 수 없다. 그런 사람은 직감과 비교할만한 경험이나 지식이 없기 때문이다.

직감에 대한 이해는 오직 내면으로부터의 마음을 키워나가는 명상을 통해서만 가능하다. 아마도 이것은 인간의 유한한 마음과 신성의 지혜 사이에 있는 유일한 접촉 수단일 것이다. 이런 이유로 직감은 정신적 측면과 영적 측면이 혼합되어 있다고 할 수 있다. 사람의 마음이 우주적 마음과 접촉하는 지점이 바로 직감이다.

 NOTE

오늘 내가 할 일

오늘 내가 한 일

December

3

직감이 위기나 기회를 판단한다

위험이 닥쳐오면 그것을 피해야 한다는 것을 알려주고, 거머쥐어야 할 기회가 찾아온 것을 알려주는 것이 바로 직감이다. 직감은 중대한 결정을 내려야 할 때는 언제나 지혜의 사원으로 들어가는 문을 활짝 열어줄 수호천사가 되어줄 것이다.

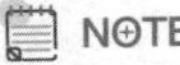

오늘 내가 할 일

오늘 내가 한 일

December 

4

직감은 기적에 가까운 감각이다

자연은 정해진 법칙을 벗어나는 일이 없다. 어떤 것은 도저히 이해하기 어려워서 기적으로 보이는 결과물을 만들어내기도 한다. 직감은 지금까지의 경험 중에 가장 기적에 가까운 것이며, 그것이 어떻게 작동하는지 도무지 이해할 수 없기 때문에 기적이라고 볼 수밖에 없다.

모든 물질의 원자 속으로 스며들고 인간이 지각할 수 있는 모든 에너지의 단위를 포용하는 힘 혹은 제1 원인 혹은 지혜가 존재한다. 이 신성의 지혜는 도토리를 떡갈나무로 변화시키고 중력의 법칙에 의해 물이 낮은 곳으로 흐르게 만들며 밤이 지나면 낮이 오고 겨울이 지나면 여름이 오도록 만들고 모든 것이 제자리를 지키며 서로 간의 관계를 유지하도록 만드는 힘이다. 이와 같은 지혜는 성공의 법칙을 통해 열망을 확고한 물질적 형태로 변환하는 데 도움을 줄 수도 있을 것이다.

나는 그것을 연구하고 그것으로 인한 경험을 얻었기 때문에 그 사실을 알고 있는 것이다.

NOTE

오늘 내가 할 일

오늘 내가 한 일

December +

5

위기를 깨닫게 하는 감각, 직감

두뇌의 세포 구조 속 어딘가에는 흔히 예감이라고 불리는 생각의 진동을 받아들이는 기관이 있다. 아직까지 직감의 기관이 어디에 있는지 밝혀내지는 못했지만, 그것은 그리 중요한 문제는 아니다. 중요한 사실은 인간이 물리적인 감각 기관이 아닌 다른 경로를 통해 정확한 지식을 받아들이고 있다는 것이다. 일반적으로 그러한 지식은 마음이 평범하지 않은 자극을 받을 때 전달된다. 감정을 불러일으키며 심장이 평소보다 빠른 속도로 뛰게 만드는 비상사태에서 직감은 행동으로 표현된다. 운전 중에 거의 사고 직전까지 가는 경험을 한 사람이라면 그 찰나의 순간에 사고를 피할 수 있도록 도움을 준 것이 바로 직감이었다는 것을 알 수 있을 것이다.

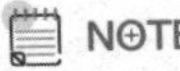

오늘 내가 할 일

오늘 내가 한 일

December 

6

직감은 서서히 길러진다

직감이란 것은 자기의 의지대로 벗었다 입었다 할 수 있는 것이 아니다. 이 엄청난 힘을 사용할 수 있는 능력은 이 책에서 제시한 다른 원칙들을 적용하는 과정에서 서서히 길러진다. 마흔의 나이에 이르기 전에 직감에 대한 유용한 지식을 손에 넣는 사람은 거의 없다. 대개 오십을 훌쩍 넘길 때까지도 그것에 대해 완전히 이해하지 못한다. 직감은 수년간의 명상과 자아성찰 그리고 진지한 생각을 거치지 않고서는 성숙하지도, 유용한 힘으로 변하지도 않는다. 그것은 직감이 영적인 힘과 너무나 밀접하게 연관되어 있기 때문이다.

당신이 어떤 사람이건 이 책을 읽는 목적이 무엇이든 상관없이 직감의 원리를 이해하지 않더라도 이 책이 주는 이익을 취할 수는 있다. 특히 당신의 중점 목표가 부의 축적 혹은 물질적 풍요라면 특히 그렇다.

NOTE

오늘 내가 할 일

오늘 내가 한 일

December 

7 열망에서 시작해 지식을 얻어 성취하라

모든 성취의 출발점은 열망이다. 그리고 도착점은 이해할 수 있는 능력으로 이어지는 지식이다. 자아에 대한 이해, 타인에 대한 이해, 자연의 법칙에 대한 이해 그리고 행복의 인지와 이해 말이다.

이런 종류의 이해는 오직 직감의 원리에 익숙해지고 그것을 사용하는 과정을 통해서 완전해질 수 있다. 따라서 직감이 성공 철학의 일부분으로 포함되어야 하는 것은 인생에서 돈 이상의 것을 얻고자 하는 사람들을 위해서다.

 NOTE

오늘 내가 할 일

오늘 내가 한 일

December 

8

고통을 주는 6가지 두려움

좌절과 소심함, 미루는 버릇, 차별, 우유부단 그리고 야망이나 자존감, 솔선수범의 자세, 자기통제력, 열정의 부족을 야기하는 6가지 두려움이 있다. 인간이라면 언젠가는 그것으로 인해 고통 받게 되는 기본적인 6가지 두려움의 감정이다. 대부분 6가지 두려움이 한꺼번에 고통을 주는 경험을 하지 않는 것만 해도 다행스러운 일이다. 가장 일반적으로 드러나는 두려움부터 순서대로 나열하면 이런 것이 있다.

가난에 대한 두려움
비판에 대한 두려움
건강을 잃는 것에 대한 두려움
누군가의 사랑을 잃는 것에 대한 두려움
늙어가는 것에 대한 두려움
죽음에 대한 두려움

이 6가지 적들을 찬찬히 살펴보면서 스스로에 대해 신중히 검토해보라. 두려움은 그 존재를 감지하기 힘든 잠재의식 속에서만 존재하고 있는지도 모를 일이다.

두려움의 6가지 유형을 분석하면서 반드시 기억해야 할 것은 그것이 유령과 같은 존재에 지나지 않는다는 것이다. 왜냐하면 두려움은 오직 마음속에서만 존재하기 때문이다. 또한 통제되지 않은 상상력에 의해 만들어진 유령은 사람들이 스스로의 마음에 입힌 피해의 원인이라는 점도 반드시 기억해야 한다. 따라서 두려움의 유령은 그것이 이 땅 위에 물리적 형체를 갖고 함께 살아가는 것만큼이나 위험하다.

NOTE

오늘 내가 할 일

오늘 내가 한 일

December 

9

마음속에서 제거해야 할 세 가지 적

성공 철학의 어떤 부분이라도 성공적으로 활용하기에 앞서 자신의 마음이 그것을 받아들일 준비가 되어 있어야 한다. 그 준비는 결코 어려운 것이 아니며 마음속에서 완전히 제거해야 할 세 가지 적에 대한 학습과 분석 그리고 이해로부터 시작된다.

세 가지 적이란 바로 우유부단함, 의심 그리고 두려움이다. 이 세 가지 부정적 감정 중에서 하나라도 마음에 남아 있다면 직감은 결코 기능을 발휘하지 못할 것이다. 이 끔찍한 세 가지 감정은 서로 긴밀하게 연관되어 있어 하나가 자리 잡고 있는 곳이라면 나머지 두 가지 또한 반드시 근처에 있다. 우유부단함은 두려움의 씨앗과도 같다. 이 책을 읽는 동안 기억해두어야 할 것이다. 우유부단함이 뭉쳐지면 의심이 되고 그것이 곧 두려움이 된다. 대개 이 혼합(blending) 과정은 서서히 진행된다. 이 세 가지 적이 위험한 이유 중의 하나라는 것도 바로 여기에 있다. 그것은 자신의 존재를 드러내지 않고도 싹을 틔우고 성장해 나간다.

NOTE

오늘 내가 할 일

오늘 내가 한 일

December 

10 자신에게 숨어 있는 두려움을 파악하라

적을 완전히 알기 전에 그 명칭과 습관, 주거지를 알아야 한다. 이 책을 읽어가면서 스스로에 대해 신중하게 분석하고 6가지의 두려움 중 어떤 것이 자신에게 달라붙어 있는지 규명하라.

이 교묘한 적들의 습관에 속아 넘어가는 일이 없어야 할 것이다. 경우에 따라서는 잠재의식 속으로 숨어들어 감지하기 어려울 뿐만 아니라 제거하기는 더더욱 어려운 것이 바로 두려움의 감정이다.

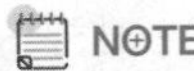

오늘 내가 할 일

오늘 내가 한 일

December

11

두려움은 마음을 속박한다

두려움이 널리 퍼지는 것은 이 세상에 내리는 저주와도 같이 주기적으로 순환한다.

두려움은 마음의 상태에 불과하다. 마음의 상태는 통제와 지시의 속박을 받는다. 누구나 알고 있듯이 의사들은 범속한 비전문가들에 비해 질병의 공격으로부터 비교적 안전하다. 그것은 그들에게 질병에 대한 두려움이 없기 때문이다. 질병에 대해 두려움이나 망설임이 없는 의사들은 천연두와 같은 전염성이 강한 질병으로 고통받는 수백 명의 사람들과 매일같이 접촉하지만, 그 질병에 감염되지 않는다. 그들이 가진 질병에 대한 면역력은 대체로 두려움의 감정을 갖지 않는 데에 기인한 것이며, 그것이 유일한 설명이 될 수도 있다.

NOTE

오늘 내가 할 일

오늘 내가 한 일

December +

12

반복적 생각이 운명을 결정한다

인간은 반복적 생각의 형태로 받아들이지 않은 것으로부터는 아무것도 만들어내지 못한다. 그보다 더 중요한 것이 있다면 인간의 반복적 생각이 그것이 자발적이든 그렇지 않든 상관없이 거의 즉각적으로 자신의 물리적 대체물로 변화하기 시작한다는 것이다. 우연의 일치로 주변의 공기를 통해 포착된 반복적 생각(다른 사람의 마음으로부터 표출된 생각)은 확실한 의도와 목적을 갖고 만들어진 반복적 생각만큼이나 확실하게 자신의 재정이나 비즈니스, 직업 혹은 사회적 운명을 결정지을 수 있다.

오늘 내가 할 일

오늘 내가 한 일

December 

13

누구나 자신의 마음을 통제할 수 있다

우리는 지금 어떤 사람은 운(lucky)이 좋은 것처럼 보이고 그 사람보다 혹은 그만큼의 능력과 자격, 경험, 두뇌 능력을 갖추고도 불행이 운명적으로 정해진 것처럼 보이는 이유를 이해하지 못하는 사람들에게 매우 중대한 사실을 보여주기 위한 기반을 닦는 중이다. 이 사실은 이런 말로 설명될 수 있을 것이다. 모든 인간은 자신의 마음을 완전히 통제할 수 있는 능력을 갖추고 있다. 분명 그 능력으로 다른 사람이 방출한 반복적 생각의 흔적을 받아들일 수 있도록 마음의 문을 열 수도 있고 아니면 그 문을 굳게 잠근 채 오직 자신이 받아들이고 싶은 반복적 생각만 허용할 수도 있을 것이다.

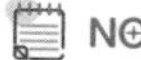 NOTE

오늘 내가 할 일

오늘 내가 한 일

December

14 사람이 만들어낸 모든 것은 생각에서 비롯되었다

자연은 인간에게 절대적 통제권을 허락했지만 오직 한 가지만은 예외다. 그것은 바로 생각에 대한 통제력이다. 이 사실은 인간이 만들어낸 모든 것은 생각의 형태에서 시작한다는 사실과 함께 두려움은 극복될 수 있다는 한 가지 사실로 귀결된다. 모든 생각은 그 물리적 대체물로 변화하려는 경향이 있다는 것이 사실이라면(이것은 모든 합리적인 의혹을 넘어서는 진실이다) 두려움이나 가난에 대한 반복적 생각이 용기나 재정적 이득의 형태로 바뀔 수 없다는 것 또한 사실이다.

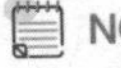

오늘 내가 할 일

오늘 내가 한 일

December 

15

가난과 부 사이에서 타협은 없다

가난과 부 사이에는 어떠한 타협도 있을 수 없다. 가난에 이르는 길과 부에 이르는 길은 각각 반대편으로 향하는 두 개의 길이다. 만약 당신이 부자가 되고 싶다면 가난으로 이어질 수 있는 상황을 단호히 거부해야 한다(여기서 말하는 부자란 가장 포괄적인 의미로 재정적, 영적, 정신적 그리고 물질적 부자 모두를 포함한다). 부자가 되는 길의 시작은 다름 아닌 열망이다. 그렇다면 바로 여기가 자신에게 주는 도전의 기회가 될 것이며 그 도전의 결과로 얼마만큼의 성공 철학을 자신의 것으로 만들 수 있을지가 결정될 것이다. 바로 여기가 미래가 당신을 위해 준비한 것이 무엇인지 정확하게 예견할 수 있는 장소가 될 것이다. 만약 당신이 기꺼이 가난을 받아들이겠다면 마음속에서도 가난을 받아들이겠다는 결정을 내려야 할 것이다. 이것은 결코 회피할 수 없는 결단의 순간이다.

 NOTE

오늘 내가 할 일

오늘 내가 한 일

December

16

자신이 만족할 만한 부의 형태와 크기를 결정하라

당신은 이미 부자가 되는 길을 알고 있다. 그 길을 따라가기만 한다면 중간에 길을 잃을 걱정을 하지 않아도 되는 지도도 주어져 있다. 시작하는 일 혹은 도착하기 전에 멈추는 일을 등한시한다면 누구도 탓할 수 없을 것이다. 그 책임은 온전히 자기 자신의 몫이다.

부에 대한 열망을 품는 일에 실패하거나 거부한다면 결코 그 책임에서 자유로울 수 없을 것이다. 왜냐하면 책임을 받아들이는 데 필요한 것은 오직 한 가지, 자신의 마음의 상태뿐이다. 우연히도 스스로 통제할 수 있는 단 한 가지인 마음의 상태 말이다. 마음의 상태는 자신이 통제한다. 돈을 주고 살 수도 없고 반드시 만들어져야 하는 것이다.

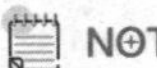

오늘 내가 할 일

오늘 내가 한 일

December 

17

가난에 대한 두려움으로부터 벗어나라

가난에 대한 두려움은 마음의 상태일 뿐이다. 그러나 어떤 분야에서든 성공의 기회를 박탈하기에는 그 자체만으로 충분하며 이것은 경제적 위기를 거치면서 입증된 바 있는 뼈아픈 진실이다.

이 두려움은 이성적 기능을 마비시키고 상상력을 파괴한다. 자기 의존감을 말살하고 열정의 기반을 약화시키며 솔선수범의 의욕을 꺾어 버린다. 가난에 대한 두려움은 목적의 불명확성으로 이어지고 미루는 버릇을 권장하며 열정을 몰아내고 자기통제를 불가능하게 만든다. 저마다 갖고 있는 나름의 매력을 빼앗고 정확한 사고의 가능성을 파괴하며 노력을 분산시키고 인내심을 임의로 조정한다. 의지력을 쓸모없는 것으로 만들고 야망을 부숴버리고 기억을 흐리게 만들며 가능한 모든 형태로 실패를 끌어들인다. 사랑의 감정을 죽이고 마음이 갖고 있는 가장 숭고한 감정을 암살한다. 우정을 가로막으며 온갖 형태의 재난을 불러들이고 불면 상태와 좌절, 불행을 지속시킨다.

 NOTE

오늘 내가 할 일

오늘 내가 한 일

December 

18

인간은 탐욕적인 존재다

가난에 대한 두려움이 6가지의 기본적인 두려움 중에 가장 파괴적이라는 데 의심의 여지가 없다. 이 두려움의 근원에 대한 진실을 말하는 데에는 상당한 용기가 필요하다. 그리고 그 진실을 받아들이는 일은 더 큰 용기를 필요로 한다. 가난에 대한 두려움은 경제적인 측면에서 주변 사람들을 먹잇감으로 삼는 인간의 본질적인 경향으로부터 자라나는 것이다. 인간보다 하위에 있다고 하는 모든 동물들은 본능에 의해 동기를 부여받지만 그들의 사고 능력에는 한계가 있다.

따라서 동물들은 물리적 측면에서 서로를 먹잇감으로 삼을 뿐이다. 인간은 동족을 물리적으로 잡아먹지는 않는다. 다만 동료를 경제적으로 잡아먹을 때 더 큰 만족을 느낀다. 인간은 상상할 수 있는 모든 법칙을 동원해 동족으로부터 자신을 보호할 만큼 탐욕적인 존재다.

가난만큼 인간에게 고통과 수치심을 안겨주는 것은 없다. 오직 가난을 경험해본 사람만이 그 진정한 의미를 이해할 것이다.

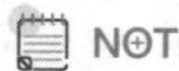

오늘 내가 할 일

오늘 내가 한 일

December

19

가난에 대한 두려움의 증상

1. 무관심. 야망의 부재, 가난을 기꺼이 견디겠다는 자세, 정신적 그리고 육체적 게으름, 솔선수범의 자세와 상상력, 열정, 자기통제력의 부재
2. 우유부단함. 다른 사람이 자신을 대신하여 생각하도록 허용하며 주변인(on the fence)으로 머물러 있다.
3. 의혹. 자신의 실패를 은폐하기 위해 변명하거나 장황하게 설명하거나 혹은 사과로 무마하려 든다. 때로는 다른 사람의 성공을 부러워하거나 혹은 그들을 비평하는 것으로 표현되기도 한다.
4. 근심. 다른 사람의 결점을 찾아내거나 수입보다 지출이 많다. 자신의 겉모습에 무관심하며 얼굴을 찌푸리거나 인상을 쓰고 있다. 불안하며 침착성이 없고 자신감과 자기 의존감도 없다.
5. 지나친 신중함. 모든 상황에서 부정적인 면을 먼저 찾고 성공의 방법 대신 실패 가능성을 먼저 생각한다. 재난으로 이어질 모든 길을 이미 알고 있지만, 그것을 피해갈 수 있는 계획은 절대 만들지 않는다. 계획이나 아이디어를 행동으로 옮길 적절한 시기를 기다리고 있지만, 그 기다림은 영원한 것이 된다.

6. 미루는 버릇. 작년에 했어야 할 일을 내일로 미룬다. 피할 수 있다면 책임을 받아들이는 것을 거부한다. 치열한 싸움을 치르기보다는 기꺼이 타협한다. 미래의 번영과 만족, 행복을 요구하기보다는 눈앞에 놓인 한 푼의 돈에 인생을 건다. 부자가 되기를 원하고 그것을 받아들일 준비가 된 사람을 찾아다니는 대신 가난을 받아들이는 사람들과 어울린다.

NOTE

오늘 내가 할 일

오늘 내가 한 일

December

20

비판에 대한 두려움

비판에 대한 두려움은, 각기 다른 여러 형태로 나타나지만 대부분은 사소하고 하찮은 것들이다. 또한 이 두려움은 솔선수범의 의지를 박탈하고 상상력을 파괴하며 개성을 제한하고 자기 의존도를 빼앗아간다. 그리고 수백 가지 방법으로 피해를 남긴다. 종종 부모가 자식들에게 회복할 수 없는 상처를 안겨주는 것도 비판을 통해서다.

누구에게나 넘치도록 주어지는 것이 비판이다. 원하든 원하지 않든 누구에게나 무료로 주어지는 것이 비판이며 모든 사람이 각자 한 가득 갖고 있다. 때로는 가장 가까운 친척이 최악의 공격자가 될 수도 있다. 부모가 불필요한 비판으로 자식의 마음속에 열등감을 심어준다면 그것은 범죄로 간주되어야 한다(실제로 그것은 최악의 속성을 가진 범죄이다).

인간의 본성을 이해하는 고용주는 비판이 아닌 건설적인 제안을 통해 구성원들로부터 최대 효과를 거두어들인다. 부모와 자식 사이에도 그와 같은 원리가 적용될 수 있다. 비판은 사람의 마음에 두려움 혹은 억울한 감정을 심어줄 뿐 사랑이나 애정이 자라도록 만들지는 않는다.

이 두려움은 가난에 대한 두려움만큼이나 보편적이며 개인의 성공에 미치는 영향도 그만큼 치명적이다. 비판에 대한 두려움은 솔선수범의 의지를 파괴하고 상상력을 사용하는 것을 가로막는다.

NOTE

오늘 내가 할 일

오늘 내가 한 일

December
21

비판에 대한 두려움의 증상

1. 자기의식. 처음 만나는 사람과의 대화에서 불안감이나 소심함의 형태로 표현되는 것이 일반적이다. 손이나 팔다리를 부자연스럽게 움직이거나 눈을 한곳에 두지 못한다.
2. 침착성의 부재. 다른 사람이 있을 때 목소리를 조절할 수 없다거나 초조해하는 것으로 표현된다. 몸의 자세를 제대로 유지하지 못하고 기억력도 떨어진다.
3. 성품. 단호한 의사결정 능력이 없고 자신의 의견을 명확하게 표현할 수 있는 능력이나 개성도 없다. 쟁점의 본질을 정확하게 짚는 대신 주변을 맴돌기만 한다. 다른 사람의 의견에 대한 신중한 검토도 없이 그것에 동의한다.
4. 열등감. 열등감을 감추기 위해 말이나 행동으로 자화자찬한다. 다른 사람에게 인상을 남기기 위해 허세를 부린다. 다른 사람의 복장이나 말, 행동을 모방하고 존재하지도 않는 가상의 성취를 떠벌리고 다닌다.
5. 낭비. 자신의 수입보다 더 많은 돈을 써가며 남들에게 뒤지지 않으려 노력한다.

6. 솔선수범 의지의 부재. 기회를 끌어안지 못하고 의견을 표현하기를 두려워한다. 자신의 아이디어에 대한 자신감이 부족하고 애매한 대답을 한다. 행동은 단호하지 못하며 말과 행동에 거짓이 있다.
7. 야망의 부재. 정신적으로나 육체적으로 게으르다. 의사결정에 이르기까지 시간이 오래 걸리며, 다른 사람으로부터 쉽게 영향을 받는다. 다른 사람의 등 뒤에서 그 사람을 비판하고 패배를 저항 없이 수용한다. 다른 사람의 반대에 부딪히면 하던 일을 포기하고 이유 없이 다른 사람을 의심하며 행동이나 말을 할 때 재치가 부족하다. 실수에 대한 비판을 기꺼이 받아들이지 못한다.

NOTE

오늘 내가 할 일

오늘 내가 한 일

December 

22

건강을 잃는 것에 대한 두려움

건강을 잃을지도 모른다는 두려움은 신체적 그리고 사회적인 유전적 특징에서 그 흔적을 찾아볼 수 있다. 근원적인 두려움이 되는 늙어가는 것에 대한 두려움 그리고 죽음에 대한 두려움과 밀접하게 연관되어 있으며, 그 이유는 그런 두려움이 결국 끔찍한 세계로 이어지기 때문일 것이다. 잘 알지는 못하지만 몇몇 불편한 스토리를 통해 학습된 것에 연관된 끔찍한 세계 말이다.

때로는 질병이 부정적인 반복적 생각의 형태로 시작된다는 것을 입증할 수 있는 증거가 놀라울 정도로 많다. 그런 반복적인 생각은 마음에서 마음으로 전달될 수 있고 한 사람의 마음속에서 만들어질 수도 있다.

대체로 인간이 갖는 건강을 잃는 것에 대한 두려움은 자신이 죽음을 맞이했을 때 일어날지도 모르는 끔찍한 그림이 이미 마음속에 심어져 있다는 데에 기인한다. 그것으로 인해 지불해야 할 경제적 대가 또한 두려움의 원인이다.

오늘 내가 할 일

오늘 내가 한 일

December +

23 건강을 잃는 것에 대한 두려움의 증상

1. 자기암시. 모든 질병의 증상이 나타날 것이라고 예측하거나 그것을 찾아다니면서 자기암시를 부정적으로 사용한다. 가상의 병을 마치 진짜인 것처럼 즐긴다. 치료 효과가 있는 것처럼 권하는 모든 일시적 유행(fads)과 주의(isms)를 시도한다. 수술이나 사고 혹은 여타 형태의 병에 대해 말하기를 좋아하고 전문적인 지침도 없이 다이어트와 물리적 운동법을 실험해본다.
2. 심기증. 병에 대해 말하기를 좋아한다. 신경쇠약이 일어날 때까지 질병에 집중한다(약으로는 이런 증상을 치유할 수 없다. 이것은 부정적인 생각으로 인해 발생하는 것이며 긍정적인 생각만이 효과적인 치유법이다).
3. 운동. 건강을 잃을 것에 대한 두려움은 흔히 적당한 신체적 운동을 방해하고 실외 활동을 회피하게 만들어 비만의 원인이 된다.
4. 민감성. 나쁜 건강에 대한 두려움은 신체의 자연적 면역력을 파괴하고 모든 형태의 질병을 유발하는 환경을 조성한다.

5 지나친 자기애착. 존재하지 않는 상상의 병을 만들어 동정심을 얻고자 노력한다(사람들은 흔히 할 일을 회피하기 위한 속임수로 이것에 의존한다). 게으름을 감추기 위해 질병을 가장하고 야망이 부족한 것에 대한 변명으로 사용한다.

6. 무절제. 고통의 원인을 제거하기보다는 그것을 없애기 위해 술이나 마약을 사용한다. 병에 관한 책을 읽고 병에 걸릴 가능성에 대해 걱정한다.

오늘 내가 할 일

오늘 내가 한 일

December 

24

사랑을 잃는 것에 대한 두려움

누군가의 사랑을 잃는 것에 대한 두려움의 근원에 대해서는 길게 설명할 필요가 없다. 왜냐하면 다른 사람의 배우자를 훔쳐오고, 언제라도 그 여성을 자유롭게 취하는 남성의 일부다처제 습관에 기인한 두려움이라는 것이 명백하기 때문이다.

질투나 그와 유사한 다른 형태의 조발성 치매증은, 남성에게 전해 내려오는 누군가의 사랑을 잃어버리는 것에 대한 두려움에서 시작된다.

이 두려움은 6가지 기본적인 두려움 중에서 가장 고통스러운 것이다. 흔히 영구적인 정신이상으로 이어지는 경우가 많기 때문에 다른 어떤 것보다 신체와 마음에 심각한 해를 입히는 두려움일 것이다.

오늘 내가 할 일

오늘 내가 한 일

December 25

사랑을 잃는 것에 대한 두려움의 증상

1. 질투. 친구나 사랑하는 사람에 대해 합리적인 증거나 충분한 근거도 없이 의심한다(질투는 일종의 조발성 치매이며 경우에 따라 아무런 이유 없이 폭력적으로 변하기도 한다). 근거 없이 배우자의 부정을 의심하는 습관이며 모든 사람들에 대한 일반적인 의심이자 어느 누구도 믿지 못하는 마음이다.
2. 흠 잡기. 친구나 친척, 비즈니스 협력자 그리고 사랑하는 사람에 대해 아주 사소한 자극만으로 혹은 아무 이유 없이 흠을 잡는다.
3. 도박. 사랑하는 사람에게 금전을 제공하기 위해 도박이나 절도, 사기를 저지르고 때로는 위험한 일도 서슴지 않는다. 사랑을 돈으로 살 수 있다고 믿기 때문이다. 사랑하는 사람의 호감을 살 목적으로 그 사람을 위한 선물을 제공하는 데 자신의 수입보다 많은 돈을 쓰거나 빚을 지게 된다. 불면증이나 초조함, 인내심 부족, 의지력 박약, 자기통제력 부족, 자존감 부족, 고약한 성질 등이 특징이다.

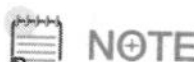

오늘 내가 할 일

오늘 내가 한 일

December 

26 늙어가는 것에 대한 두려움

늙어가는 것에 대한 두려움의 근원은 두 가지다. 첫째는 나이가 들면 가난해질 것이라는 생각이다. 둘째는 가장 일반적인 근원이기도 한 과거로부터 학습되어 온 거짓되고도 잔인한 교훈이다. 이것은 불과 유황(fire and brimstone)이라는 지옥의 고통과 너무나 적절히 혼합되어 있다. 그 외에도 인간을 두려움의 노예로 만들 목적으로 교묘하게 만들어진 악령들도 모두 과거로부터 학습된 교훈에 포함된다.

나이가 들면서 더 일반적으로 갖게 되는 건강을 잃어버리는 것에 대한 두려움 또한 늙어가는 것에 대한 일반적인 두려움의 원인에 일조하고 있다.

늙어가는 것에 대한 두려움의 또 다른 원인은 자유로움과 독립성을 상실할 수도 있는 가능성이다. 나이가 들면 신체적 자유와 경제적 자유를 모두 상실할 수도 있기 때문이다.

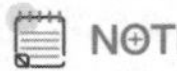

오늘 내가 할 일

오늘 내가 한 일

December 

27

늙어가는 것에 대한 두려움의 증상

정신적으로 성숙해지는 나이인 40대에 기력을 잃거나 열등감을 양산하는 경향을 보인다. 나이로 인해 자신의 존재가 잊히고 있다는 잘못된 믿음 때문이다(실제로 남성이 정신적으로나 영적으로 가장 활발하게 활동할 수 있는 시기는 40대에서 60대 사이다). 지혜와 이해의 나이에 도달한 것에 대해 감사한 마음을 표현하는 대신 단지 40대 혹은 50대라는 이유만으로 스스로를 늙은이라고 간주하고 그것에 대해 미안해하는 습관을 보인다.

솔선수범의 의지와 상상력 그리고 자기 의존감을 말살하는 습관이 생긴다. 그런 것들을 활용하기에는 자신이 너무 늙었다고 믿어버리기 때문이다. 더 젊어 보이도록 옷을 입고 젊은 사람의 행동을 흉내 내는 40대의 습관은 타인으로부터 비웃음만 살뿐이다.

오늘 내가 할 일

오늘 내가 한 일

December

28 죽음에 대한 두려움

누군가에게는 죽음에 대한 두려움이 가장 잔인한 두려움일 수도 있다. 그 이유는 명백하다. 거의 대부분 죽음에 대한 생각과 연관된 갑작스럽고 끔찍한 두려움은 종교적 광신으로 이어질 수도 있다. 소위 비종교인(heathens)에게 문명화된 사람들보다 죽음에 대한 두려움이 적게 나타난다. 수백만 년이라는 시간 동안 인간은 여전히 답이 없는 질문을 던지고 있다. 바로 어디에서(whence) 그리고 어디로(whither)라는 질문이다. 나는 어디에서 왔는가 그리고 나는 어디로 가는 것인가? 정신병원에는 죽음에 대한 두려움으로 미쳐버린 사람들로 넘쳐난다.

이 두려움은 아무 쓸모가 없다. 누가 어떻게 생각하든 죽음은 예정되어 있다. 필요한 것이라고 인정하고 받아들인 후 그 생각을 마음에서 내보내야 한다. 죽음이 반드시 필요한 것이 아니라면 모든 사람에게 찾아오지도 않을 것이다. 어쩌면 상상하는 것만큼 끔찍한 것이 아닐 수도 있다.

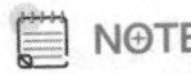

오늘 내가 할 일

오늘 내가 한 일

December 

29

죽음에 대한 두려움의 원인

삶을 최대한 활용하는 대신 죽음에 대해 생각하는 습관은 일반적으로 목적이 없거나 적절한 직업이 없기 때문에 생기는 것이다. 이 두려움은 나이가 많은 사람들 사이에서 더욱 널리 퍼져 있지만 젊은 사람들이 그 희생양이 되기도 한다. 죽음에 대한 두려움을 위한 치료법 중 가장 좋은 것은 타인을 위한 유용한 서비스를 제공하면서 동시에 성취의 기쁨을 만끽하고 싶은 불타는 열망이다. 바쁜 사람은 죽음에 대해 생각할 시간이 거의 없다. 그런 사람에게 인생은 너무나 흥미로운 것이어서 죽음을 걱정할 필요가 없다. 때때로 죽음에 대한 두려움은 가난에 대한 두려움과 밀접하게 연관되어 있는 경우도 있다. 나의 죽음으로 인해 내가 사랑하는 사람들이 가난의 고통을 겪을지도 모른다는 두려움 때문이다. 질병이나 그로 인해 수반되는 신체적 저항력의 기능 상실이 죽음에 대한 두려움의 원인이 되기도 한다. 가장 일반적인 원인은 나쁜 건강이나 가난, 적절한 직업이 없는 상황, 사랑에 대한 좌절, 정신이상, 종교적 광신 등이다.

오늘 내가 할 일

오늘 내가 한 일

December
30 근심은 통제 가능한 마음의 상태다

근심은 두려움에 근거한 마음의 상태이며 서서히 그리고 끈질기게 작용한다. 근심은 은밀하게 퍼져 나가며 감지하기도 힘들다. 한 걸음씩 한 걸음씩 더 깊은 곳으로 파고들어 이성의 기능을 마비시키고 자신감과 솔선수범의 의지를 파괴한다. 근심은 우유부단함으로 인해 발생한 지속적인 두려움의 한 형태이다. 따라서 이것은 통제 가능한 마음의 상태이다. 안정되지 못한 마음은 아무 쓸모가 없다. 우유부단함은 마음을 불안정하게 만든다. 대부분의 사람들은 일상적인 비즈니스 상황에서조차 즉각적인 의사결정을 하고 결정된 것을 지속적으로 추진할 만한 의지력이 부족하다. 최근 경험했던 것과 같은 경제적 불안전의 시기에 개인은 더욱 불리한 입장에 있을 수밖에 없다. 의사결정을 신속하게 하지 못하는 물려받은 특성뿐만 아니라 결과적으로 대중적 우유부단함(mass indecision)의 상태를 만들어낸 주변 사람들의 우유부단함으로부터도 영향을 받기 때문이다.

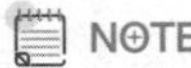

오늘 내가 할 일

오늘 내가 한 일

December

31

지금부터 시작하라

인생은 장기판과도 같고 상대는 시간이다. 망설이거나 타이밍을 놓친다면 당신의 말은 사라져갈 것이다. 당신은 지금 우유부단함을 용납하지 않는 상대와 게임을 하는 것이다.
이전에는 자신이 원하는 대로 살아가지 않는 것에 대해 변명하기도 했을 것이다. 그러나 그런 변명은 더 이상 쓸모가 없다. 이제 당신은 인생의 부로 들어가는 문의 마스터 키(master key)를 쥐고 있기 때문이다.
마스터 키는 무형의 것이지만 매우 강력한 것이기도 하다. 그것은 자신의 마음속에서 부를 향한 명확한 형태의 불타는 열망을 만들어낼 수 있는 혜택이다. 마스터 키의 사용에는 벌금이 부과되지 않는다. 하지만 그것을 활용하지 않을 때는 대가를 반드시 치러야 한다. 그 대가란 바로 실패이다. 그 열쇠를 실제로 활용했다면 엄청나게 큰 보상이 주어진다. 그것은 바로 스스로를 정복하고 열망을 불사른 모든 사람에게 주어지는 만족감이다. 노력을 기울인 만큼 값어치 있는 보상이다.
이제 당신도 시작해보지 않겠는가?

오늘 내가 할 일

오늘 내가 한 일

편집자의 말

365일, 매일매일 생각하고 매일매일 점점 더 부자가 되라!

〈Think and Grow Rich〉를 처음 읽고 그 원칙들을 본격적으로 실천하기 시작했을 때, 나는 아주 단순하면서도 심오한 무언가를 발견했다. 매일 책에서 읽은 내용을 생활 속에서 실천하면 많은 성공을 경험하게 되고, 반대로 매일 실천하지 않으면 성공을 맛볼 기회가 줄어든다는 사실이었다. 다른 사람들에게는 그리 대단해 보이지 않을지도 모르지만, 이 단순한 사실로 인해 나의 인생은 완전히 바뀌었다.

그런 깨달음을 얻기 전까지만 해도 나의 책 읽기는 읽고 싶은 부분만 골라서 읽고 나폴레온 힐이 제안한 방법들 중 몇 가지를 시도해보는 정도였다. 나만의 '부자성명서'를 써보기도 했지만, 책에서 지시한 대로 매일 두 번씩 읽어야 할 필요성은 느끼지 못했다. 내 행동은 일관적이라기보다 우발적이고 산발적이었으며, 노력이 부족했던 탓인지 이렇다 할 결과도 얻지 못하고 있었다. '어중간하면 아니한만 못하다'는 말은 내 경험에 딱들어맞는 격언이었다. 그때의 나는 성공을 위해 전혀 노력하지 않으면서 막연히 '소망하고 희망하는' 사람이었다.

나폴레온 힐은 "무엇이든 거저 얻어지는 것은 없다."라고 했다. 그래서 〈Think and Grow Rich〉에서 배운 원칙들을 철저하게 행동으로 옮겨

보고 그것이 어떤 결과를 가져다줄지 지켜보기로 결심했다.

매일 책을 읽고 니폴레온 힐이 제안한 것을 실천하겠다고 다짐했을 때 비로소 내 주변의 모든 것이 변화하기 시작했다. 나는 거의 즉각적으로 성공을 경험했다. 바로 나폴레온 힐이 자신의 혁신적인 저서 〈Think and Grow Rich〉에서 제안하고 있는 원칙에 답이 있었던 것이다.

인생의 하루하루를 적극적으로 살아가는 사람은 자신의 삶에 몰입하게 되고, 자신의 삶에 온전히 몰입하는 사람은 삶의 하루하루에 영향력을 행사할 수 있다.

이러한 과정을 통해 자연스럽게 인생 전체에 영향력을 행사하게 되는 것이다. 매일 자신의 삶에 몰입하지 않는 사람에게는 절대 허락되지 않는 경험이다.

〈Think and Grow Rich〉가 가져다주는 즐거움을 처음 맛본 뒤 몇 년간 나는 마스터 마인드 팀 그리고 마스터 마인드 파트너들과 함께 그 책을 수없이 읽었다. 워크숍을 열어 수백 명의 사람들 앞에서 그가 제안한 원칙들에 대해 강연도 했다. 나폴레온 힐의 또 다른 걸작이자 〈Think and Grow Rich〉의 주요 철학과 그에 부합하는 개념들을 담은 〈The Law of Success〉에서 얻은 즐거움도 그에 못지않았다.

이 모든 경험을 바탕으로 나의 마스터 마인드 파트너인 어거스트 골드(August Gold)와 함께 두 가지 프로젝트를 추진하게 되었다. 그 첫 번째가 〈The Think and Grow Rich Workbook〉이다. 〈Think and Grow Rich〉의 성공 원칙을 이제 막 실천하려는 사람들에게 학습서 역할을 하는 책이다. 그리고 지금 〈Think and Grow Rich〉와 〈The Think and Grow Rich Workbook〉에서 영감을 얻고 그 보물들을 날마다 거둬들이는 방법을 제시하고 있는 바로 이 책 〈나폴레온 힐 하루 5분 부자일기 (Think and Grow Rich Everyday : 365 days of Success)〉이 그 두 번째다.

이 책에 대해 알아두어야 할 몇 가지 사실이 있다. 먼저 이 책에서 활용하고 있는 모든 자료는 1937년과 1928년에 발간된 〈Think and Grow Rich〉와 〈The Law of Success〉에서 찾을 수 있다는 점이다.

다만 1년 365일에 맞춰 내용을 재구성하면서 약간의 문법적 변형을 가하지 않을 수 없었다는 점을 밝힌다. 나폴레온 힐의 원저는 미국의 경제 대공황 시기에 집필되었다. 따라서 오늘날의 상황에 완벽하게 맞아떨어지는 언어로 쓰였다고 할 수는 없지만, 대부분은 그대로 두었다. 내용을 명확히 전달하기 위해 조금 수정했을 뿐이다.

이 책을 가장 효율적으로 읽을 수 있는 방법은 한 가지 원칙을 택해 한 달 내내 공부하는 것이다. 그런데 〈Think and Grow Rich〉에서 제시한 원칙은 13가지다. 알다시피 1년은 열두 달이다. 그래서 내용이 비교적 짧은 두 가지 원칙 '잠재의식을 끌어낸다(The s ubconscious mind)'와 '잠재된 두뇌 능력을 개발한다(The brain)'를 한 달 분량으로 통합했다. 그리고 직감(material)은 너무나 중요한 원칙이기 때문에 12월의 원칙으로 정하고 '6가지 두려움을 현명하게 극복하는 방법(How to outwit the six ghosts of fear)'을 추가했다. 이 책은 원저를 보충하는데 충실할 뿐, 그것을 대체하기 위한 책이 아니다.

〈Think and Grow Rich〉에서 나폴레온 힐은 내재된 열망을 실제의 부로 변형시킬 수 있는 6가지 실천 단계(six practical steps)를 실생활에 적용하라고 말한다. 6가지 실천 단계는 〈Think and Grow Rich〉가 핵심이기 때문에 이 책의 시작 부분에서 '6단계 부자 법칙 (Your six steps to success)'이라는 제목으로 다루고 있다. 따라서, 여섯 단계를 꼼꼼히 읽고 실천해야 한다. 그리고 자신만의 '부자 성명서'를 반드시 작성하기 바란다. 자신의 목표와 의도를 명확히 적어두고 매일매일 정해진 분량을 읽어나가면 목표에 도달하기가 훨씬 수월해질 것이다.

〈Think and Grow Rich〉는 1937년에 처음 발간된 이래 수천만 부가 팔려나갔고 지금까지도 베스트셀러 목록에 빠지지 않고 올라 있다. 그 이유가 무엇일까? 그것은 많은 사람들이 그 안에 담겨 있는 철학에 깊이 공감했기 때문이다.

이제 이 책을 읽은 바로 당신이 그 철학에서 영감을 얻을 차례다!

조엘 포티노스 & 어거스트 골드